LE PASSÉ

ET

LE PRÉSENT,

OU

L'HOROSCOPE DE LA FRANCE.

Prix : 2 fr., et 2 fr. 25 c., franc de port.

A PARIS,

Chez BLEUET, Libraire, successeur de JOMBERT fils aîné, rue Dauphine, n.° 18.

AOUT 1819.

Livres nouvellement publiés chez le même Libraire.

HISTOIRE du Velay, accompagnée de notes, de pièces justifi-
catives servant de preuves, et du Tableau chronologique des
Souverains qui étendirent leur domination sur le Velay ; des
Gouverneurs généraux et des Gouverneurs particuliers, Ducs,
Comtes, Sénéchaux, Baillis, Lieutenans du Roi, Inten-
dans, sous l'autorité et l'administration desquels il passa
sucecssivement, et des Evêques qui furent appelés à le régir :
*depuis la conquête de ce pays par les Visigoths jusqu'à la
mort de Louis XV*, Roi de France ; par J.-A.-M. Arnaud.
2 forts vol. in-8.º br.   12 fr.
Franc de port par la poste.   16 fr.
Histoire de la Famille de Montelle, 3 vol. in-12 br.   6 fr.
Par la poste.   7 fr. 75 c.
Corps d'extraits des Romans de Chevalerie ; par le comte de
Tressan, 4 vol. in-12 br.   10 fr.
Le même avec figures.   12 fr.
Par la poste.   16 fr. 50 c.

ERRATA.

Page 42, 10.ᵉ lig., au lieu de Gomèz-Feueiras, *lisez* Gomez-
Fe er s.

Page 46, 11.ᵉ lig., au lieu de la secouder, *lisez* les féconder.

LE PASSÉ

ET

LE PRÉSENT.

Depuis plus de deux siècles, il existe en France une conspiration, dont le but est d'exterminer la maison de Bourbon, de renverser la monarchie, et d'anéantir la Religion catholique. Il suffit pour en démontrer l'existence, de parcourir cette longue chaîne de crimes qui s'étend depuis les attentats de la Ligue jusques aux fureurs de la Convention, depuis la révolte des Guises jusqu'à l'usurpation de Bonaparte, et depuis l'avènement d'Henri IV jusqu'à la restauration de Louis XVIII·

Henri IV après avoir échappé aux poignards de Barrière, de Châtel et de plusieurs autres parricides, expire sous le couteau de Ravaillac.

Louis XIII dispute longtemps sa couronne et sa vie contre des conspirateurs et des sujets révoltés.

Louis XIV exposé dans sa minorité à tous les dangers de la guerre civile, ne s'affermit sur le trône, que par la valeur de Turenne et par l'habileté de Mazarin ; il termine son règne glorieux par triompher des ennemis de sa puissance, sans pouvoir triompher des ennemis de sa famille. Sous ses yeux disparaissent deux générations de sa postérité. Son fils et son petit-fils sont arrachés de la vie, et sa couronne tombe sur la tête d'un faible et unique rejeton, dont l'enfance n'échappe au poison, que par une méprise qui venge la mort de son père et de son aïeul.

Louis XV est frappé d'un coup de poignard par Damiens.

Le Dauphin et la Dauphine meurent empoisonnés.

Louis XVI est immolé sur un échafaud.

La Reine est traînée à un supplice dont l'horreur n'égale pas les outrages qui l'ont précédé.

La céleste Elisabeth reçoit la mort de la main d'un bourreau.

La fille de Louis XVI est le prix de la rançon des assassins de son père.

Louis XVII termine, dans une longue agonie, des jours condamnés à la plus dégoûtante misère.

Ainsi a été éteinte la première branche des Bourbons.

Mais le sang d'Henri IV n'était pas épuisé ; la rage de ses ennemis n'était pas assouvie.

Il n'était resté en France qu'un prince de son nom..... Il est égorgé sur un échafaud par ceux qui lui avaient promis un trône.....

Les princes de la famille royale avaient emporté avec eux la bannière de l'honneur et de la fidélité. Une foule d'assassins se précipite sur leurs pas.

Dubois est envoyé à Turin pour empoisonner Monseigneur le Comte d'Artois et sa famille (1789) ; mais il est empoisonné lui-même pour avoir laissé transpirer son secret. (Procès-verbal de la déclaration de Dubois à son lit de mort. Histoire des Crimes , tom. 3, pag. 131.)

Beuzelot , chef de quarante assassins , est envoyé à Worms pour poignarder Monseigneur le Prince de Condé et ses enfans. Il est arrêté la veille du jour où il devait commettre ce crime (17 décembre 1792.) ; et il en fait l'aveu devant le magistrat. (Défense des émigrés , par M. de Lalli-Tollendal.)

En 1804 , le dernier rejeton du grand Condé est enlevé à Ettenheim par l'ordre de Bonaparte , et fusillé dans les fossés du château de Vincennes. (Jug. de la Com. mil. spéc. , du 30 vent. an XII).

En 1805 , un scélérat attente à la vie de S. M. Louis XVIII. Il lui tire à Dillingen un coup de fusil dont la balle lui effleure le front et fait couler le sang. (Mémoire de Fauche-Borel.)

La proscription des Bourbons ne se borne pas à la branche qui régnait en France, elle s'étend à tous les rois de ce nom qui régnaient en Europe. Charles IV et Ferdinand VII, dépouillés de leur couronne par la plus atroce perfidie, sont livrés aux satellites de leur oppresseur. Ferdinand IV est chassé de ses États, et la Reine d'Étrurie est confinée dans une étroite prison.

Voilà le tableau des malheurs sans exemple accumulés sur cette auguste famille pendant neuf générations consécutives, et encore j'oubliais de dire que ses ennemis, embrassant dans leur rage le passé et l'avenir, avaient violé les tombeaux des prédécesseurs de Louis XVI, pour disperser leurs cendres, qu'ils avaient imposé à tous les Français le serment de haîne à la Royauté, qu'ils avaient décerné la peine de mort contre quiconque proposerait de la rétablir, et que dans l'impuissance d'éteindre le plus beau nom de la terre, ils avaient forgé les plus horribles calomnies pour le flétrir et le rendre odieux.

Voilà les preuves d'une conspiration formée depuis long-temps pour exterminer la race de nos Rois.

Dans l'espace que nous venons de parcourir,

les ennemis de la monarchie épuisent tous les genres d'artifices pour allumer la guerre entre le trône et les grands. Ils soufflent le feu de la discorde jusque dans le sein de la famille royale. Les passions s'irritent, des murmures se font entendre, des complots se forment, la guerre civile éclate, et ceux qui devaient être les premiers défenseurs de l'État, entraînés par des suggestions perfides, ne sont plus que les chefs ou les instrumens d'une faction qui prépare sa ruine. Biron se ligue avec l'Espagne contre Henri IV, son maître et son ami. Montmorency est pris les armes à la main à la bataille de Castelnaudari ; le prince de Chalais est déclaré coupable de haute-trahison : et le grand Condé se bat sous les murs de Paris contre l'armée royale.

Au milieu de tant de secousses, l'autorité s'affaiblit, le peuple se familiarise avec l'esprit de révolte, le lien de la fidélité se relâche, un crime inouï se commet en Angleterre. La tête de Charles I.er tombe sur l'échafaud, et le ministère de Louis XIV, au lieu de venger un forfait, qui ébranle tous les trônes, recherche l'alliance de Cromwel, et reconnaît pour protecteur de la Grande-Bretagne, l'assassin de son Roi.

Sur la fin d'un règne de grandeur et de gloire des disputes théologiques s'élèvent, des combats d'opinions s'engagent, les esprits s'échauffent, les querelles s'aigrissent, la nation s'en empare comme elle s'est emparée de nos jours des discussions politiques. Tout se divise, tout est désuni, la discorde et la haine sont dans tous les rangs de la société, dans tous les ordres de l'État ; elles s'introduisent dans les parlemens, dans les conseils, dans toutes les veines du corps politique, et c'est sous leurs funestes auspices que s'ouvre le 18.e siècle et le règne de Louis XV.

Dans ce siècle qui recèle dans son sein tant de tempêtes, la résistance est organisée en systême. Si l'autorité se montre, étonnée de l'opposition qu'elle éprouve, elle hésite, elle s'engage dans de fausses routes et sa timidité trahit sa faiblesse. L'administration n'est bientôt plus qu'un vaste champ de bataille où le gouvernement compte peu de victoires et beaucoup de défaites.

Dans ce siècle, deux grands évènemens donnent à l'esprit public une impulsion qui entraîne l'État au bord du précipice. Je parle du partage de la Pologne et de l'insurrection des Colonies anglaises. Le premier irrita les peuples contre les rois ; le second leur apprit à s'affranchir de leur autorité. Le ministère français regarda le premier d'un œil indifférent, mais il fut le principal auteur du second. Il fomenta, il assista, il reconnut l'indépendance des États-Unis de l'Amérique, le Gouvernement était alors dirigé par des hommes qui favorisaient les innovations. Il oublia, pour me servir des expressions de l'empereur Joseph II, que *son métier était d'être royaliste*, et les Français qu'il envoya au secours des insurgens, rapportèrent de Philadelphie la déclaration des droits de l'homme et les germes de la république. Les esprits étaient disposés à recevoir cette semence fatale.

Déjà la France était infectée des doctrines funestes qui devaient hâter son développement. Vers le milieu de ce siècle, Helvétius et Rousseau proclamaient la souveraineté du peuple. Ils enseignaient qu'*un Roi n'est que le commis toujours révocable de la nation, le premier domestique de ses sujets toujours propriétaires de l'autorité publique, et qu'un Gouvernement héréditaire n'est point un engagement, mais une forme provisoire, jusqu'à ce qu'il plaise au peuple d'en ordonner autrement.* (Helvétius, de l'Homme §. 9. —Rousseau, Cont. Soc., l. 3, c. 18.)

Voltaire, Raynal et Mirabeau excitent le peuple à la sédition, et aiguisent les poignards contre les souverains. Ils lui disent que *les Rois de France ne peuvent être que des tyrans, tyrans barbares, qui, si nous disons tous oui lorsqu'ils*

diront non , plieront sans doute ou seront brisés.
(Mirabeau , Lettres de cachet , etc. , p. 159.)

Que l'art des Rois est l'art des crimes...... Que la plupart ne sont que de fiers oppresseurs des lois , fardeaux de la nature ou fléaux de la terre. (Voltaire , poëme sur la Loi naturelle.)

Ils lui répètent que *les Rois sont des bêtes féroces qui dévorent les nations , qu'ils sont les premiers bourreaux de leurs sujets , des tigres déifiés par d'autres tigres , et des tyrans déifiés par la superstition.* (Systême de la Nat. , tom. 1, p. 400. — Raynal , Hist. Phil. , tom. 4, l. 19. — de la Raison , ch. note 37.

Raynal justifie l'abolition de la Royauté et approuve le régicide. *Il n'est,* dit-il, *aucune aucune autorité publique , créée hier ou il y a mille ans , qui ne puisse être légitimement abrogée dans dix ans ou demain.* (Discours adressé à Louis XVI). *Un esclave du despotisme après avoir brisé ses chaînes , serait forcé de massacrer son tyran , d'en exterminer la race et la postérité..... Si les peuples connaissaient leurs prérogatives , l'ancien usage de Ceylan subsisterait dans toutes les contrées de la terre..... La mémoire de cette grande leçon (d'un régicide) dure des siècles , et inspire un effroi plus salutaire que la mort de mille autres coupables.* (Hist. Phil. , tom. 1, p. 138 et 139.)

L'armée française opposait une barrière insur-
montable aux ennemis du trône ; Voltaire attaque
la fidélité des soldats avec les armes dangereuses
de l'ironie et du ridicule : *Ceux qui se font tuer*,
dit-il, *au service des rois, sont de terribles imbé-*
cilles. (Lettre à d'Alembert, 10 juin 1757.)

La noblesse de France entourait le monarque
du triple rempart de l'honneur, de la gloire et du
dévouement. Rousseau entreprend de le renverser
et d'établir le systême de l'égalité naturelle.
(Emile, Cont. soc.)

Les ministres de la religion prêchaient aux
peuples l'amour du souverain et l'obéissance aux
lois, et les nouveaux apôtres s'écrient : *peut-être*
faudrait-il étouffer les ministres de la religion
sous les débris de leurs autels. (Raynal, Hist.
phil., t. IV, p. 203.) *Le seul moyen de tarir par-*
tout en un moment la source de la plupart des
maux qui affligent depuis si long-temps l'espèce
humaine, serait que le dernier des Rois fut étran-
glé avec les boyaux du dernier des Prêtres.
(Encycl. meth. phil. anc. et mod., t. III, p. 239,
art. *Meslier.*)

Il ne restait plus qu'un lien politique, celui de
la propriété, le Code de la nature propose de le
rompre. *Rétablir la communauté des biens sans*
se soucier des criailleries des propriétaires, ce

serait couper racine aux vices et à tous les maux de la société. (Code de la nat., IIIe. partie.)

Telles étaient les doctrines qui envahirent la France depuis le milieu du dix-huitième siècle jusqu'à ces jours épouvantables où elles noyèrent la monarchie dans un fleuve de sang. La doctrine de la *liberté* et de *l'égalité*, secondée par l'irreligion et la terreur, ouvrit les abîmes de la licence et de l'anarchie, et la république qui sortit de ce gouffre, fut aussi monstrueuse que les crimes qui lui avaient donné le jour.

Voilà les preuves de la longue conspiration qui a renversé l'empire le plus ancien et le plus puissant.

Ses fondemens étaient appuyés sur l'autel. La religion catholique le couvrait de son bouclier et le protégeait de toute sa puissance. Les révolutionnaires sentirent que leurs efforts seraient vains tant que cette alliance subsisterait. *Sous le joug d'une religion qui fonde l'autel sur le trône, il n'y a point d'espérance pour les grandes révolutions*, disait Raynal. (Hist. phil., t. I, p. 133.) *Pour révolutionner la France, il faut*, disait Mirabeau, *commencer par la décatholiser.* Ils réunissent donc toutes leurs forces pour anéantir la religion de nos pères. Ils l'attaquent sur tous les points, sur sa divinité, sur ses mystères, sur ses dogmes, sur ses livres sacrés, sur son culte, sur sa morale, sur ses vertus. Ils opposent à l'évangile les blasphêmes des athées, les calomnies des payens, les imprécations des apostats, les opinions des philosophes, les argumens des hérésiarques et les sophismes des incrédules ; ils lui opposent le colosse monstrueux de toutes les erreurs, de tous les mensonges, de tous les délires, de tous les écarts de la raison, qu'ils ont exhumés de la poussière ou de la corruption des siècles précédens. Ils présentent aux peuples un systême de religion sans Dieu, sans vertus, sans espérances; un systême composé de doctrines contradictoires et sanguinaires, doctrines qu'ils professent et qu'ils ne croient pas, mais qu'ils assaisonnent de tous les poisons du libertinage et de tout le cynisme de l'obscénité.

Le baron d'Holbach proclame l'athéisme comme *le seul systême qui puisse conduire l'homme à la liberté, au bonheur et à la vertu.* Il annonce qu'*un Dieu immatériel, infini, immense, est une chimère composée par la théologie.* (Syst. de la nat., t. II, p. 58 et 382.)

Rousseau enseigne que *ni le pour, ni le contre sur l'existence de Dieu ne paraissaient démontrés, et que le Dieu des philosophes, des Juifs et des chrétiens n'était qu'un vain fantôme.* (Lettre à

Voltaire, 18 août 1756.—Lett. de Trasybule à Leucippe.)

Naigeon et d'Holbach se déclarent les défenseurs du paganisme : ils établissent que *le Jupiter des payens est préférable au Dieu des chrétiens.* (Mil. philos.)

Rousseau place Mahomet au-dessus de Jésus-Christ. Il soutient qu'il *eut des vues plus saines.* (Cont. soc. , l. VII, c. VIII.)

Raynal soumet à l'autorité du peuple l'institution d'une religion ; *c'est au peuple,* dit-il, *qu'il appartient de statuer sur la religion ou de s'en passer, si cela lui convient.* (Hist. phil. , t. I.)

Dupuis ne voit dans les mystères du christianisme, comme dans ceux du paganisme, que la révolution du soleil autour du zodiaque, dont la fable s'est emparée ; il ne voit dans J.-C. qu'un personnage fabuleux qui n'est, comme l'Hercule, l'Apollon et le Bacchus des Anciens, que l'emblême de l'astre du jour. (Orig. des cultes.)

Voltaire vomit contre la religion chrétienne tous les blasphêmes que l'impiété peut inventer dans sa fureur. Oserons-nous répéter ses exécrables paroles ? oui, elles sont une preuve de son fanatisme. *La religion chrétienne est une religion infâme, une hydre abominable, un monstre qu'il faut que cent mille mains percent, une*

secte que tout homme de bien doit avoir en hor-
reur. Les chrétiens de toutes les professions sont
des êtres très-nuisibles, des fanatiques, des fri-
pons, des dupes, des imposteurs qui en ont
menti avec leurs évangiles, des ennemis du genre
humain. (Lettre à Thiriot et à d'Alembert, 26
janv., 11 fév. 1762. 26 juin et 10 août 1766.—Lett.
à Damilaville, 14 décembre 1764.—Lettre au roi
de Prusse, 5 juin 1766.) Ces lettres sont termi-
nées par ces deux mots : *Écrasez l'infâme.* C'était
le mot d'ordre.

On remarque dans les rangs de l'armée des
impies un souverain qu'ils ont trompé long-temps
par une hypocrite philantropie, et dont ils ont
terni la gloire par leurs louanges intéressées : Fré-
déric combat pour établir l'empire du matéria-
lisme. (Lettre à Voltaire, 30 oct. 1770 et 4 sept.
1775.)

La Mettrie ravale l'âme de l'homme au niveau
de celle des bêtes (*l'Homme machine*). D'autres la dépouillent de ses trésors les plus précieux,
la liberté et l'immortalité. Ils éteignent le flambeau qui éclaire la conscience, ils anéantissent le
principe de moralité de nos actions ; ils renversent
la barrière qui sépare le bien du mal, ils ne re-
connaissent aucune différence entre le vice et la
vertu, et abandonnant l'homme à l'impétuosité

de ses passions, ils justifient tous ses excès par l'empire de l'immuable fatalité sous laquelle il est enchaîné. (Syst. de la nat., t. I, c. XII, et p. 77.— Code de la nat., III.e partie, p. 157. Voltaire, Dictionnaire phil., art. *destinée, liberté*. Encycl. méth., mot *fanatisme*. Phil. anc. et mod., tom. II, p. 408.)

Par une conséquence nécessaire, ils brisent tous les liens de la société. L'autorité paternelle et l'amour filial arrachés de l'empire de la nature et bannis du cœur humain, sont resserrés dans les étroites limites de l'enfance. (Rousseau, Cont. soc., p. 5.—Encycl., mot *enfant*.—Helvétius, de l'Homme, chap. VIII. — Toussaint, des Mœurs, troisième partie, art. IV.—Dictionnaire encycl. mot *enfant, gouvernement*.

L'indissolubilité du mariage est proscrite *comme une loi barbare*. L'adultère est effacé de la *liste des crimes*. L'impudicité est proposée comme *un acte que la religion pourrait ériger en culte, dont elle pourrait faire une vertu, et qu'elle pourrait employer pour récompenser la vertu.* (Alembic moral, art. *Adultère*. Helvétius, de l'Homme, p. 226.—Principes de la phil. nat., chap. XVII.—La Mettrie, de l'âme, p. 31.—Helvétius, de l'Esprit, disc. II, chap. XIV et XV.—Raynal, Hist. phil., t. I, p. 215.)

Dans ces nouvelles écoles on enseigne publi-
quement le libertinage. On y apprend *que la
philosophie invite l'homme à suivre ses penchans,
ses amours, et tout ce qui lui plaît* (La Mettrie,
de l'Ame, p. 31); et que *le plaisir est le para-
dis des philosophes.* (Volt., Disc. sur la Nature
du plaisir. Liberté de penser, p. 202.

On y apprend que les passions les plus dangereuses, *l'orgueil, l'ambition, l'amour du
pouvoir sont des vertus*, (Syst. soc., ch. 13.,
Helvétius, de l'Homme, §. 1 et 4, ch. 14. ; que
le suicide doit être placé au rang des belles actions, et que *celui qui se donne la mort, prouve
qu'il est philosophe, qu'il est vertueux et grand.*
(Volt., Quest. sur l'Encycl., art. *suicide.* —
Rousseau, nouv. Hél., 3.e part., lettre 22, — Syst.
nat. tom. 1, ch. 14. — Phil. de la Nat., ch. 10. —
Helvétius, de l'Esprit, p. 450.)

Mais pour les vertus évangéliques, elles sont
décriées et avilies. *L'amour des ennemis n'est que
fanatisme, le pardon des injures n'est que lâ-
cheté.* (Lett. Juives, lett. 8.) *L'humilité chrétienne n'est qu'une chimère injuste et absurde.*
(Syst. soc., ch. 13. — Helvétius, de l'Homme, §. 1
et 4, ch. 14.) et *l'engagement à la virginité,
n'est qu'un outrage fait à la raison, à l'humanité et à la religion.* (Raynal, Hist. Phil., t. 1,
p. 214.)

(16)

Les hommes qui ont publié ces doctrines sub-
versives de toute religion et de toute société,
ont été plus honorés, que les Socrate, les Platon,
et que tous les sages de l'antiquité. Leurs con-
temporains les ont révérés comme les organes de
la sagesse et de la vérité. Le 19.e siècle s'est in-
cliné devant eux comme devant les restaurateurs
de l'empire de la raison et les auteurs du progrès
des lumières. Voltaire et Rousseau ont reçu après
leur mort, les honneurs de l'apothéose. Leurs
cendres reposent dans le temple le plus magni-
fique que la piété de nos Rois ait élevé au 18.e
siècle ; dans un temple que leurs disciples ont
arraché au vrai Dieu pour le consacrer à tous les
dieux de la fable : dans un temple dont les murs
commençaient seulement à s'élever, lorsqu'il fut
prédit à Louis XVI que le Dieu auquel il était
dédié serait chassé de son sanctuaire avant qu'ils
fussent achevés.

Antè deo , in summâ , quam templum erexeris , urbe ,
Impietas templis , tollet et urbe , Deum.

Cette prédiction accomplie sous nos yeux, fut
imprimée en 1777 dans toutes les gazettes.

Pour enflammer l'ardeur de ceux qui mar-
chaient sous ses drapeaux , l'impiété qui leur
avait enlevé l'espérance d'une vie future , leur

promit à sa place l'immortalité fondée sur le souvenir de leur gloire. Elle écrivit sur le frontispice
de ce temple, que la patrie reconnaissante le con-
sacrait aux grands hommes. Elle y fit porter en
triomphe les restes odieux de Marat; mais les colonnes de ce majestueux édifice reculèrent, comme
si elles eussent été saisies d'un sentiment d'horreur et d'effroi, elles menacèrent d'abandonner
la voûte qui couvrait ces orgueilleux tombeaux,
et d'écraser sous leurs ruines la mémoire et le
culte des modernes Titans.

La conspiration parut d'abord se renfermer
dans les limites de la France ; mais dès que ses
principes révolutionnaires eurent retenti dans
l'Europe, on vit se former la ligue effrayante de
ses chefs avec les disciples de Weishaupt, de
Swedemborg, de Saint-Martin, de Cagliostro et
d'Holbach. Ses archives secrètes et sa correspondance intime, publiées par l'électeur de Bavière
et adressées à tous les gouvernemens de l'Europe,
ont dévoilé ses épouvantables secrets et ses horribles complots. Les chefs juraient *d'exterminer
tous les Rois de la race des Capétiens, de détruire la puissance du Pape, de prêcher la liberté des peuples.*

Les initiés juraient *de briser les liens charnels
qui les attachaient encore à père, mère, frères,*

sœurs, époux, parens, amis, maîtresses, Rois, chefs, bienfaiteurs, et tout *être quelconque auquel ils auraient promis foi, obeissance, gratitude ou services.*

Cette ligue avait un chef habile, une organisation savante, un trésor inépuisable et plus d'un million de prosélytes. Les puissances du ciel et de la terre n'étaient à ses yeux que des puissances tyranniques, elle leur déclara une guerre d'extermination et inscrivit sur ses étendards la devise de Franklin.

Eripuit cælo fulmen, sceptrumque tyrannis.

Parcourez maintenant, à partir de cette époque jusqu'au congrès de Vienne, tous les États de l'Europe, et comptez les Empires qui n'ont pas été bouleversés, les Rois qui ont conservé leur couronne, et les temples qui sont restés debout. La France a été arrosée du sang de son Roi, de ses prêtres et de ses plus généreux amis. La Hollande a perdu sa liberté, l'Allemagne son empire, ses Princes leur antique confédération. Vienne et Berlin ont été forcées d'ouvrir leurs portes aux armées françaises. La maison d'Autriche a vu descendre au tombeau Joseph et Léopold, dont les jours ont été terminés par le poison. La Suède a vu assassiner Gustave III, déposer Gustave IV et empoisonner le prince d'Augustembourg. Pétersbourg a vu Paul I.er précipité du trône par un crime, et Moskou réduit en cendres. L'Italie a vu tomber ses républiques et un royaume nouveau élevé par un conquérant des débris de ses divers états. Rome a vu deux fois le souverain Pontife arraché de sa chaire pontificale et traîné en captivité. La couronne des Deux-Siciles a passé sur la tête de Murat. La religion de Malthe a vu renverser sa glorieuse bannière. La capitale du royaume de Sardaigne est devenue le chef-lieu d'un département. La liberté des Suisses a été enchaînée sous les lois d'un médiateur. L'Espagne est tombée sous le joug d'un usurpateur; Lisbonne a vu les aigles de Bonaparte arborées sur ses remparts, et le Roi de Portugal est allé chercher dans un autre hémisphère, un abri contre les dangers qui le menaçaient.

L'Angleterre est la seule grande puissance contre laquelle la révolution générale ait échoué. Tout le reste de l'Europe, pendant cette période, ne présente qu'un champ de destruction et de mort où vous ne pouvez faire un pas sans être arrêté par les débris des temples, des autels, des sceptres, des couronnes, mêlés et confondus avec des cendres et des cadavres. Autour de ces ruines, vous voyez errer comme des spectres, des rois fugitifs, des serviteurs fidèles, des prêtres échappés au massacre, et si vos yeux ne sont pas frappés d'un spectacle plus déchirant encore, c'est parce que la terre couvre des millions de victimes ! ! !

Quelle terrible leçon pour tous les Rois, pour tous les peuples, et pour tous les siècles? Voilà les maux qu'ont attirés sur nous et sur l'Europe les conspirateurs impies qui effacèrent le nom de Dieu de nos temples pour y substituer celui de la *Raison*, et qui faisant asseoir sur nos autels une infâme prostituée, nous ordonnèrent de nous prosterner et d'adorer en elle *la déesse de la Liberté*.

Ces malheurs avaient été prévus depuis long-temps : Louis XIV en avait été averti. Quelques paroles échappées à ce monarque, et recueillies dans les Mémoires de son temps, nous apprennent que le projet d'une révolution ne lui était pas inconnu.

Louis XV ne dissimulait pas ses craintes : *Je ne verrai pas*, disait-il, *la grande catastrophe, mais je plains mon successeur.* Il disait aussi en parlant des philosophes du jour : *ces hommes perdront la monarchie.* Et lorsqu'après la mort de son fils, le duc de la Vauguyon vint lui présenter le nouveau Dauphin en qui devaient s'accomplir

de si grandes infortunes, il s'écria douloureuse-
ment, et comme par une inspiration prophétique :
*Pauvre France ! pauvre France ! un roi âgé de
cinquante-cinq ans, et un dauphin âgé de onze !*

Louis XVI était agité de pressentimens sinis-
tres, lorsque la veille de l'ouverture des Etats-
généraux, il disait en versant ses aumônes : *puis-
sent les vœux des pauvres protéger la France et
ma famille !* A son retour de Varennes, au milieu des outrages dont il fut accablé, il s'écria :
*que n'ai-je cru il y a onze ans tout ce que je vois
aujourd'hui ; tout cela me fut dès-lors annoncé.*

Avant qu'il monta sur le trône la conspiration
avait été signalée.

En 1770, l'auteur de la Philosophie dévoilée, la
dénonça à la France. *Il n'est que trop évident,*
dit-il, p. 73 et 108, *que la conspiration contre la
religion et ses ministres, contre les autels et contre le trône, est très-certaine, très-publique, et
qu'elle se fortifie tous les jours de plus en plus.
Encore quelques années et il ne sera plus temps
d'y remédier.*

Dans le même temps, l'avocat général Séguier
invoquait contre elle l'autorité des lois ; il dévoi-
lait sa marche, ses progrès, son but et ses ravages
comme si l'avenir eût été présent à ses regards.
On trouve la révolution toute entière dans son

réquisitoire du 18 août 1770. Ses prédictions ont été si exactement accomplies qu'on ne peut se dispenser de les rapporter.

« L'impiété, dit-il, ne borne pas ses projets
» d'invasion à dominer sur les esprits et à arra-
» cher de nos cœurs tout sentiment de la divinité ;
» son génie inquiet, entreprenant, ennemi de
» toute dépendance, aspire à bouleverser *toutes*
» *les constitutions politiques*, et ses vues ne se-
» ront remplies que lorsqu'elle aura mis *la puis-*
» *sance exécutive et législative entre les mains*
» *de la multitude*, lorsqu'elle aura détruit cette
» *inégalité nécessaire de rangs et de conditions,*
» *lorsqu'elle aura avili la majesté des Rois, rendu*
» *leur autorité précaire et subordonnée aux ca-*
» *prices d'une foule aveugle*, et lorsqu'enfin à la
» faveur de ces étranges changemens, *elle aura*
» *précipité le monde dans l'anarchie et dans*
» *tous les maux qui en sont inséparables.* Peut-
» être même ces prétendus philosophes, ces es-
» prits indépendans, dans le trouble où ils auront
» jeté les nations, se proposeront-ils de s'élever
» au-dessus du vulgaire, et de dire aux peuples
» que ceux qui ont su les éclairer sont les seuls
» en état de les gouverner. »

N'est-ce pas là l'histoire de la Convention, du Directoire, du gouvernement Consulaire et du régime Impérial ?

En 1774, l'évêque de Senez, dans l'oraison funèbre de Louis XV, annonça l'abolition du culte : *L'impiété*, dit-il, *est arrivée au moment d'une révolution générale qui ne laissera plus un jour, ni culte, ni mœurs, ni Dieu.*

En 1783, l'évêque de Lescar, dans son discours d'ouverture de l'assemblée du clergé, annonça la destruction des temples, le pillage du sanctuaire, la dispersion des ministres des autels et la profanation des vases sacrés, aussi clairement que les prophètes annonçaient les malheurs qui menaçaient le temple de Jérusalem. *Je les vois* (les novateurs), disait ce vénérable pontife, *je les vois porter une main sacrilége sur les ornemens du sanctuaire, se charger avidement de ses dépouilles, fermer les portes de la maison de Dieu ou en changer la destination, renverser nos temples et en arracher les prêtres occupés du sacrifice, poursuivre au-dehors leur victoire impie, et dans leurs triomphes et leurs festins insulter à nos douleurs, et par des libations impures profaner les vases consacrés par la célébration de nos mystères les plus redoutables.... Et vous demandez encore des signes et des présages de la révolution que le Saint-Esprit veut vous faire craindre ! En faut-il davantage que la révolution elle-même qui, préparée de loin, s'avance à grands pas et se consomme sous vos yeux ?*

Le clergé de France dans toutes ses assemblées, les orateurs chrétiens dans la chaire de vérité, le Père de Neuville, le Père de Beauregard, le Père Lenfant, l'Abbé Bergier, tous les Corps enseignans, tous les hommes sages, faisaient entendre le même langage ; tous prédisaient les malheureuses destinées que la nouvelle philosophie nous préparait. De toutes parts, on accusait ses apôtres de creuser un abyme qui engloutirait la France ; ils ne s'en défendaient pas, ils répondaient froidement que le siècle des révolutions était arrivé.

« Nous approchons de l'état de crise, » disait Rousseau d'un ton hypocritement prophétique, « et du siècle des révolutions... Tout ce qu'ont » fait les hommes, les hommes peuvent le dé- » truire ; il n'y a de caractères ineffaçables que » ceux qu'imprime la nature, et la nature ne fait » ni princes, ni riches, ni grands seigneurs. *Je* » *tiens pour impossible que les grandes monar-* » *chies de l'Europe aient encore long-temps à* » *durer. Toutes ont brillé, et tout Etat qui brille* » *est sur son déclin. J'ai de mon opinion des* » *raisons plus particulières que cette maxime ;* » *mais il n'est pas à propos de les dire, et cha-* » *cun ne les voit que trop.* » (Emile, 2.e part., p. 65, édit. d'Amsterdam.)

Au reste, il y avait long-temps que des esprits turbulens méditaient le bouleversement opéré de nos jours. Nicolas de Montant, dans le *Miroir des Français*, imprimé en 1552, proposait le plan qu'on a suivi de notre temps : on y trouve, *la sécularisation des biens du Clergé, la déportation, le Maximum, le mariage des Prêtres, la fonte des Cloches, la Garde-Nationale, la réunion de la Belgique, du comtat d'Avignon, du Milannais, etc.*

Sous le règne de Louis XIV, Bourvallais présenta à Chamillard un projet semblable, pour donner, disait-il, *le dernier lustre à la France.* Il proposait de fondre non-seulement les cloches, mais encore la statue de Henri IV, ainsi que toutes les autres, pour en faire de la monnaie. Il proposait aussi la confiscation des biens du Clergé, le mariage des Prêtres, le doublement et le triplement même de la capitation, la réquisition des chevaux de luxe pour la remonte de la cavalerie, et celle des bœufs pour la nourriture de l'armée. Il proposait encore la conscription de tous les jeunes gens, mariés ou non; la suppression des dorures, la défense d'employer dans les vêtemens d'autres étoffes que le bouracan, la serge et la toile. Enfin, il proposait la suppression de toutes les charges, le divorce, la liberté de la prostitution, l'abolition des universités et des collèges, la prohibition de la vaisselle plate, la conversion en monnaie de l'argenterie des particuliers, et la vente de toutes les forêts du royaume. Ce projet était assez du goût du Ministre. Il l'apostilla en ces termes : « Ce » Mémoire est admirable dans ce qu'il contient, » mais le temps n'est pas encore venu de le mettre » à exécution. Il faut attendre que la France soit » épuisée de monde et d'argent pour en venir » à de pareilles extrémités : ce que nous connaî- » trons dans cinq ou six campagnes. » On trouve le Mémoire que je viens de citer, dans un livre intitulé *Pluton maltotier*, imprimé à Cologne en 1708.

Il n'est pas douteux que, dès le commencement du règne de Louis XV, il existait une société secrète qui tramait le renversement de la monarchie. Le chevalier de Folard, qui y avait été admis, la signalait en 1729, comme *couvant dans l'ombre du mystère, une révolution qui devait frapper toutes les Puissances légitimes.*

Mirabeau appartenait aussi à cette société, et révéla le secret de la révolution à Champfort, son intime ami. Celui-ci fit confidence à Marmontel, en 1789, que le projet était de détruire le trône et l'autel, de démoraliser le peuple, de répandre l'effroi, et de profiter de la facilité du Roi (Mém.

d'un Père pour servir à l'instruction de ses Enfans, tome 4, p. 97.)

Le baron Knigge, qui abandonna la secte de Weisshaupt en 1794, l'accusa d'avoir en vue la destruction du trône et de la religion.

Le Roi de Prusse, que les illuminés n'avaient initié que dans leur conspiration contre les prêtres, ayant découvert leur conspiration contre les rois, les dénonça peu de temps avant sa mort, à l'Électeur de Bavière.

James Velder, exécuté à Dublin, en 1796, portait sur lui le cathéchisme des initiés, par demandes et par réponses. L'adepte y répond aux questions qui lui sont faites, *qu'il est intéressé avec la Convention Nationale, qu'il se propose de subjuguer toutes les nations et de détrôner les Rois, et que c'est en France que le coq a chanté quand tout l'univers l'a entendu.*

(Journaux de Pluviose, an IV.)

Fauchet, à sa réception au club de Caën, *jura une haine implacable au trône et au sacerdoce.*

Dom Gerle inscrivit sur son cachet cette devise : *ni prêtre, ni culte, ni Roi.*

Enfin Cagliostro dans les interrogatoires qu'il subit devant les inquisiteurs de Rome, confessa que dans la société secrète dont il était le chef, les récipiendaires prêtaient serment *de détruire la religion catholique et tous les Souverains*, et qu'ils signaient ce serment de leur sang. Il ajouta que cette secte avait déterminé *de porter les premiers coups sur la France , et qu'après la chûte de cette monarchie , elle devait frapper l'Italie , et Rome en particulier.* Il déclara encore que le *Pape devait être dépouillé de ses états.* (Procès de Cagliostro).

Tous ces projets ont été exécutés après sa mort arrivée en 1795, et les pièces du procès qui contiennent ces aveux , furent communiquées à Louis XVI, par le Souverain Pontife Pie VI, avant la révolution.

Cagliostro connaissait si bien les détails du plan de la conspiration , que *dans sa lettre au peuple Français,* imprimée à Londres avant 1789, il nous annonça que *la Bastille serait détruite et deviendrait un lieu de promenade.* On trouva dans son porte-feuille une croix sur laquelle étaient gravées les trois lettres initiales L. P. D. qu'on expliqua par ces mots : *Lilia , pedibus destrue.*

Mais qu'avons-nous besoin de ces confessions , pour prouver l'existence de cette conspiration ? nous faut-il d'autres preuves que ses crimes ? Les journées du 14 juillet, des 5 et 6 octobre, du 20 juin, du 10 août, des 2 et 3 septembre, et enfin la plus épouvantable de toutes, celle du 21 janvier, ne sont-elles pas des témoins irrécusables ? *Les massacres* commis à Paris , à Versailles , à Lyon , à Nantes, etc., les commissions populaires et l'incendie de la **Vendée** , ne sont-ils pas des accusateurs éternels ? Pendant le règne de la terreur , le sang n'a-t-il pas coulé par torrens sous les yeux de la Convention , sans exciter seulement sa pitié ? Enfin l'arrêt de mort de Louis XVI , ne fut-il pas *arraché par tous les moyens qui peuvent séduire ou effrayer les hommes ?* (Protestation de Grangeneuve, dans la séance du 16 janvier 1793).

Ah ! ne cherchons pas d'autres preuves de la conspiration, que la multitude de ses forfaits , que l'horreur qu'ils ont inspirée au monde entier, et que la distance incommensurable qui se trouve entre la férocité de la faction conspiratrice et la générosité du caractère français.

Qu'on ne dise plus que la révolution n'a été que l'élan du patriotisme vers la liberté. Ce serait en vain que la conspiration s'efforcerait aujourd'hui de se couvrir du nom que nous avons donné à ces temps malheureux : c'est elle seule qui a renversé le trône et les autels, c'est elle seule qui a déchiré le sein de notre patrie , c'est elle seule qui , depuis trente ans , a causé tous nos malheurs. S'il n'eût point existé de conspirateurs , il n'eût point existé de révolutionnaires. La France demandait en 1789 une réforme et non une révolution. Si les conspirateurs ne se fussent pas emparés de ses doléances, la tranquillité publique n'aurait jamais été troublée. De sages lois auraient fait disparaître sans commotion, des abus que l'opinion générale, que la nation entière avait condamnés, et le nom de révolution serait encore inconnu dans notre histoire.

Eh ! quels Rois ont plus aimé le peuple, quels Rois ont fait de plus grands sacrifices à son bonheur et à sa liberté, que Louis XVI et Louis XVIII ?

Louis XVI accepta la constitution décrétée par l'Assemblée Nationale, et il fut mis à mort.

Louis XVIII a donné une Charte que la France reçut avec les transports de la plus vive reconnaissance, et moins d'un an après, il fut dépouillé de sa couronne et proscrit à jamais avec toute sa Dynastie.

Il existait do c une ancienne conspiration contre la maison de Bourbon, contre la Monarchie et contre la religion catholique qui en est le fondement.

Cette conspiration est-elle étouffée ? C'est ce qu'il faut examiner.

Après la chûte de Buonaparte, il restait des

foyers de révolution dans toutes les parties de l'Europe. La France avait ses jacobins, l'Espagne ses cortés, l'Italie ses *carbonari*, l'Angleterre ses luddistes, et l'Allemagne ses illuminés. L'esprit de révolte agitait toutes les parties du monde. L'Asie avait vu tomber la tête du sultan sous les cimeterres des janissaires. Czerni-Georges avait soulevé une partie de la Turquie. Un club s'était formé auprès du souverain de Mysore et des Marattes pour municipaliser les Indes (1). Les régences d'Afrique ne respectaient aucun pavillon. Christophe et Péthion avaient asservi Saint-Domingue ; les colonies espagnoles de l'Amérique méridionale avaient arboré le drapeau de l'indépendance, et les perturbateurs de l'un et de l'autre hémisphères, malgré la distance des lieux, malgré la diversité de leurs intérêts, correspondaient entre eux et faisaient cause commune pour troubler le repos des nations et renverser les souverains légitimes. Tel était l'état du monde quand le trône des Bourbons fut rétabli.

---

(1) On a conservé les extravagantes délibérations de ce club. Le projet des Jacobins était de municipaliser les Indes et d'y détruire tous les souverains à l'exception du citoyen Tippo-Saïb. (*Diction. Univ.*, mot *Tippo-Saïb.*)

Le premier acte présenté au Roi pour le mettre en possession de son héritage, anéantissait ses droits héréditaires. La constitution décrétée par le sénat proclamait la souveraineté du peuple, et lui déférait le pouvoir de régler les limites de l'autorité royale et de disposer de la couronne. Elle ne donnait le sceptre au roi qu'elle créait, qu'après avoir juré d'observer les conditions qu'elle lui imposait (Décret du sénat du 6 avril 1814).

Tel était le fondement sur lequel le sénat voulait élever l'édifice d'une monarchie constitutionnelle, l'élection d'un roi faite par le peuple, élection qui, en reconnaissant la vacance du trône, sanctionnait l'assassinat de Louis XVI et établissait le droit d'assassiner son successeur.

Louis XVIII répondit en roi à la proposition du sénat. Il s'assit sur le trône comme successeur de Louis XVII, et la majesté du nom de ses prédécesseurs fit rentrer dans la poussière la rivale de son autorité, la reine de l'anarchie, la souveraineté du peuple,

Malgré la longue expérience du malheur, le roi avait conservé le noble défaut des princes de sa maison, le défaut de Henri IV et de Louis XVI, celui de ne point croire à l'ingratitude et à la perfidie. Mais il est des cœurs qu'aucune puissance ne peut enchaîner. Il fut trahi, et le 20 mars prouva à la France consternée, qu'il était impossible d'affermir le trône des Bourbons par les mains de ceux qui l'avaient renversé. Une défection générale dans l'armée, dans la magistrature, et dans l'administration, démontra cette importante vérité, malheureusement trop tôt oubliée.

Les souverains alliés reprennent les armes. Bonaparte vaincu à Waterloo abdique son usurpation. Une armée formidable est aux portes de la capitale, et les prétendus représentans du peuple s'agitent encore pour écarter d'un trône, qu'ils ne peuvent plus défendre, les Bourbons qu'ils en ont proscrits. Ils proclament le fils de l'usurpateur, tandis que d'autres, effrayés de leur propre ouvrage, parcourent les cours de l'Allemagne pour offrir la couronne à un prince étranger. *Il n'en est aucun*, disait le duc *d'Otrante, dans son second rapport au Roi, qu'ils n'eussent préféré d'obtenir, ou de recevoir de la main des puissances. La prévention était portée à un tel point, qu'il n'y avait qu'une seule exclusion, elle était pour la famille de nos anciens Rois.*

Que fallait-il attendre de ceux qui abjuraient ainsi l'amour de la patrie ?

Cependant la France est une seconde fois réconciliée avec l'Europe. Louis XVIII est une seconde fois rendu à ses fidèles sujets, un traité de paix et une armée de cent cinquante mille hommes, veillent sur son trône si facilement ébranlé. Les souverains de l'Autriche, de la Russie et de la Prusse, établissent entre eux et leurs peuples une nouvelle confédération. Ils exécutent le magnanime projet qu'Henri IV avait conçu, pour le bonheur des peuples, d'unir ensemble les princes chrétiens sous le titre de République Chrétienne (1). Le traité de la Sainte-Alliance enchaîne les Peuples et les Rois par les liens de la fraternité évangélique, et proclame le principe conservateur du repos des empires, que toute puissance vient de Dieu (2). Le plus grand nombre des souverains accède à ce pacte religieux. La politique change, elle n'a plus de détours, la

---

(1) Vie d'Henri IV

(2) « Les Souverains déclarent solennellement et
» à la face de l'Univers, que la nation Chrétienne
» dont eux et leurs peuples font partie, n'a réelle-
» ment d'autre Souverain que celui à qui appartient
» en propriété la puissance, parce qu'en lui seul se
» trouvent tous les trésors de l'amour, de la science
» et de la sagesse infinie, c'est-à-dire, Dieu, notre
» divin sauveur, J.-C., le verbe du Très-Haut, la
» parole de vie. » (*Traité de la Sainte-Alliance,*
art. 2.)

franchise succède à la ruse, et la confiance à la dissimulation. L'Europe n'est plus qu'une grande famille. Elle n'a plus qu'un principe, et qu'un système, celui de maintenir la légitimité.

Mais ni les engagemens sacrés que les puissances viennent de contracter, ni la présence de leurs armées, ni les lois sévères rendues contre les conspirateurs, ne les contiennent pas.

A peine le Roi est-il assis sur son trône que des vociférations séditieuses se font entendre, les écrits incendiaires se multiplient, la calomnie s'attache à la famille royale. Plusieurs tournent leurs regards vers l'île de Sainte-Hélène. Le nom de Buonaparte inspire de nouveau, aux uns de l'audace, aux autres de l'effroi, et le parricide de la Convention, l'assassinat de Louis XVI trouve encore des apologistes.

Les Chambres déployent dans ces graves circonstances la sagesse profonde, et la fermeté inflexible qu'exigent le salut de la monarchie et les dangers du Roi. La clémence s'arrête, la justice frappe, et la loi repousse à jamais du sol de la France, les régicides relaps.

Mais les hommes de 1793 étaient devenus trop puissans ; le Gouvernement se trompait sur leur nombre et sur leurs forces. Présens ou absens, éloignés ou rapprochés, ils avaient le secret de

s'entendre, de se soutenir les uns les autres, de
marcher toujours à leur but, sans jamais s'écarter
de leur route, et d'agir sans jamais se diviser ; ils
savaient sacrifier à la cause qu'ils servaient les il-
lusions de l'orgueil et de l'amour-propre ; ils
étaient égaux entre eux : *Scelus, quos inquinat
æquat ;* et leur implacable fureur s'accroissait en
raison des résistances.

Loin de se courber sous un sceptre qui leur
était odieux, ils relèvent une tête plus fière; ils
ne se cachent plus dans l'ombre. Leurs complots
n'ont plus besoin du secret ; ils se montrent à découvert ; les conspirations éclatent de toutes
parts, et se succèdent avec une effrayante rapidité.

Je ne parle pas de cette multitude d'émeutes
qu'ils excitent sur tous les points du royaume,
sous prétexte de la disette des grains, et dont le
véritable motif était d'opérer un soulèvement général et simultané comme en 1789.

Je ne parle que de ces conspirations exécrables,
où le massacre de la famille royale et le change-
ment de la dynastie étaient proposés sans dégui-
sement et proclamés sans ambiguité ; de ces conspirations ; qui se sont manifestées par des actes
de violence, de ces conspirations; dont les preuves
ont été débattues devant les tribunaux, dont

l'existence a été confirmée par les aveux des coupables, et sur lesquelles il n'est pas permis aujourd'hui d'élever aucun doute.

Je parle des deux conspirations de Lyon (1); de la conspiration de Pleignier à Paris (2); de celle de Didier à Grenoble (3); de celle de Monnier à Vincennes (4); de celle de Desbans à Versailles (5); de celle d'Ernest Random à Bordeaux (6), et celle de Gall et Leguevel à Rennes (7).

La principale de ces conspirations était celle de Paris, les autres n'en étaient que des branches collatérales. J'ai besoin de rapporter ici quelques passages de sa proclamation, afin qu'on ne m'accuse pas d'avoir exagéré son crime.

« Nous sommes arrivés, disent les patriotes de
» 1816 (c'était le titre que prenaient les conspi-
» rateurs), au terme de nos malheurs. Nous
» avons lu dans l'ame de nos frères l'horreur
» qu'inspirent des procédés aussi insensés que

(1) Janvier 1816 et juin 1817.
(2) Mai 1816.
(3) Mai 1816.
(4) Mai 1816.
(5) Mai 1817.
(6) Mai 1817.
(7) 1819.

» cruels d'une famille qui doit être pour toujours
» rayée du catalogue des rois. Ni l'un ni l'autre de
» ses membres n'est digne de régner sur nous.

» Nous sommes las des assassinats par lesquels
» nos tyrans prétendent consolider un trône dont
» ils ont l'audace de se dire les héritiers légitimes.
» Nous perdrions à jamais le droit de nous plain-
» dre de nos oppresseurs, si nous étions assez lâ-
» ches pour ne pas leur infliger le châtiment
» qu'ont mérité leurs forfaits.... N'est-ce pas auto-
» riser le crime que de le laisser impuni?....

» Nous avons pris les mesures les plus sages et
» les plus certaines pour la chûte des Bourbons...
» Notre but est l'indépendance nationale.... Il
» faut un chef à l'état, mais il le faut du choix de
» la nation ; elle seule a le droit de l'élire. »

Tel était le complot des patriotes de 1816, tel
était le complot des autres conspirations dont j'ai
parlé. Dans l'intervalle de trois ans nous en comp-
tons huit, chose inouïe dans l'histoire, même
sous les gouvernemens les plus tyranniques. Les
tribunaux en ont jugé sept. Pleignier et ses complices ont été déclarés coupables d'avoir attenté
aux jours du Roi et de la famille royale, et condamnés au supplice des parricides. La plupart
des autres conspirateurs ont expié leur crime sur
l'échafaud, et tous, a près leur mort, ont trouvé

des défenseurs, parce qu'ils ont laissé des complices; le glaive de la justice n'a atteint que des agens subalternes ou des hommes obscurs, les grands coupables ont échappé. Ils sont encore au milieu de nous. Du moins la conspiration continue, tous ses élémens subsistent, elle se manifeste tous les jours par des actes qui ne sont pas équivoques. Le volcan n'est donc pas éteint, et le calme perfide qui règne autour de ses cendres, n'est peut-être que le précurseur d'une éruption plus terrible que celles qui ont précédé.

Vaincus, mais non découragés, par le mauvais succès de toutes leurs entreprises, les conspirateurs changent leur plan. Au lieu d'attaquer le Gouvernement à la tête, ils entreprennent d'en abattre les soutiens. Le lieutenant-général Canuel leur était odieux, il avait fait échouer une de leurs plus importantes opérations, la seconde conspiration de Lyon. Sa fidélité était inébranlable, sa bravoure les faisait trembler, et sa vigilance ne leur laissait pas même l'espoir de le surprendre. Il fallait le perdre ou le combattre. Ils l'accusent d'avoir lui-même soulevé les Lyonnais pour se frayer un chemin plus large aux honneurs et aux récompenses, ils enveloppent dans cette atroce calomnie la cour prévôtale et l'administration municipale, et ils parviennent à tromper le lieutenant du Roi envoyé sur les lieux.

Si jamais une conspiration fut prouvée jusqu'à la dernière évidence, ce fut celle que le général Canuel étouffa. Il réclame contre ses calomniateurs la vengeance des lois ; mais, pour lui imposer silence, pour empêcher la vérité d'éclater, on l'accuse d'avoir formé le complot d'enlever le Roi pour le forcer à abdiquer sa couronne ; on le jette dans un cachot, on lui donne pour complices des hommes qui ont, pendant trente ans, combattu pour la cause royale, et qui ont le corps couvert de cicatrices acquises dans cette noble lutte. MM. de Songis, de Chapdelaine et Romilly sont ensevelis avec lui dans la nuit du secret comme les plus infâmes malfaiteurs.

On est effrayé quand on sonde la profondeur de cette perfidie. C'est la personne sacrée du Roi qu'on choisit pour être le sujet d'une farce politique, c'est l'héritier du trône qu'on choisit pour en être le principal acteur, c'est la fidélité la plus pure et la plus éprouvée qu'on expose sur le théâtre aux outrages d'une multitude trompée par des traîtres. C'est l'Europe entière qu'on appelle à cet indigne spectacle qui outrage la majesté royale et le Gouvernement ; et quand l'innocence des accusés triomphe, quand leurs accusateurs sont accablés de confusion, on refuse de livrer leurs noms à l'opprobre et à l'indignation publique, on redoute uue révélation qui répandrait un trop grand jour sur eux. Ils sont assez puissans pour arrêter la recherche d'un crime dont la tranquillité de l'état réclame une éclatante punition.

Mais pendant qu'ils occupent l'attention de la France par une conspiration chimérique, ils en méditent une réelle. Ils tentent d'enlever Buonaparte de sa prison ; découverts et repoussés par la vigilance du colonel Hudson Lowe, ils se replient sur le congrès d'Aix-la-Chapelle. La France venait de reprendre le rang qui lui appartient parmi les maîtres de l'Europe, et la déclaration des puissances alliées, du 15 novembre 1818, lui assurait une paix inaltérable, leur rage n'écoute plus alors que les conseils du désespoir : sous les yeux d'une armée formidable, sans égard aux malheurs épouvantables qu'ils vont attirer sur les peuples, ils entreprennent de se rendre maîtres de la personne de l'empereur de Russie et de le contraindre par la violence à proclamer Napoléon II empereur des Français, sous la régence de sa mère.

Un tel excès d'audace nous donne la mesure de leurs forces ; il nous dévoile le secret de tous les mouvemens révolutionnaires qui se sont manifestés en Europe pendant la période que je viens de parcourir, il nous découvre la cause des révoltes d'Yorck, de Limmerick et de Spafields, qui se renouvellent au moment où j'écris ; il nous explique l'agitation du royaume des Pays-Bas, les désordres du royaume de Wirtemberg, les démélés de la Bavière, la fermentation de la Prusse, l'insurrection des écoles de Wartzbourg et de Gœttingue ; l'assassinat de Kotzebue; les attroupemens de la Norwège ; le débarquement de Murat en Calabre ; la conspiration de Lascy en Espagne ; celle de Gomèz-Feneiras à Lisbonne ; les émigrations de la Suisse et de l'Allemagne ; la rébellion de Fernambouc ; la naissance des républiques de Buenos-Aires et de Venezuela, et l'établissement du Champ-d'Asile. Par-tout ce sont les mêmes principes d'indépendance, la même haîne pour les gouvernemens monarchiques, la même fureur contre la légitimité. Serait-il possible de croire après cela qu'une conspiration, qui a pris naissance dans notre sein et qui devient générale, n'eût plus de complices parmi nous ?

Après avoir parcouru ses différentes explosions, revenons au point dont nous sommes partis et parcourons les actes qui décèlent sa marche clandestine ; il n'est aucune partie du corps politique où ses traces ne soient empreintes.

La personne sacrée du Roi a été l'objet des calomnies les plus horribles. On a répandu en France et chez l'étranger une multitude prodigieuse d'écrits infâmes pour lui enlever le respect et l'amour de ses sujets. On a tenté d'inspirer des doutes sur la sincérité de ses promesses et sur son affection pour son peuple. Possesseur de la couronne de Louis XIV, il s'est vu forcé d'éloigner du trône la maison militaire dont ce grand monarque l'entoura, autant pour veiller à sa sûreté, que pour en augmenter l'éclat, et il n'a conservé ses fidèles Gardes-du-corps que par le ton majestueux avec lequel il a rappelé leurs titres de gloire. Chef suprême de l'armée, il a vu mettre des bornes aux prérogatives de cette dignité suprême; il a vu presque s'éteindre entre ses mains le pouvoir si doux pour un souverain, de récompenser ses fidèles serviteurs dans la personne de leurs enfans; il a vu fermer la carrière des armes à cette valeureuse noblesse, qui n'avait d'autres passions que celle de la gloire, et d'autre ambition que celle de verser son sang pour sa défense. Seul plénipotentiaire de la France envers les puissances étrangères, il a vu désavouer le concordat, qu'il a conclu avec la cour de Rome, et blâmer sa fidélité aux capitulations des Suisses. Seul propriétaire de la puissance exécutive, seul juge des mesures qu'exigent l'exécution des lois et la sûreté de l'État, il s'est vu contester le droit de faire construire de nouvelles places de guerre et d'établir de nouveaux postes militaires. Il a été exposé à lutter avec un sujet qui, énorgueilli de lui avoir été infidèle, voulait le forcer à rappeler les assassins de son frère, et osait le menacer de révéler un secret qui flétrirait son gouvernement.

L'héritier présomptif de la couronne est traité comme si son exhérédation était déjà prononcée; il ne paraît ni au conseil du Roi ni à la Chambre des Pairs; on le dépouille du commandement de la garde nationale; des voix révolutionnaires s'élèvent tumultueusement tous les jours pour demander le renvoi des régimens Suisses, dont il est colonel-général. On entend des murmures continuels sur ce qu'il conserve encore des gardes; on diffâme les officiers qui l'entourent; on invente une conspiration contre la personne du Roi, pour attirer sur lui la haine de la France, et quoiqu'il soit le premier anneau de la légitimité, l'on ose le menacer de la perte de la couronne, s'il ne se réunit aux constitutionnels et aux libéraux (1).

____

(1) On lit dans le *British Monitor*, du 8 novembre 1818, ce qui, suit traduit de l'anglais : « Il n'est pas » douteux que les libéraux en France n'aient triomphé » dans les élections, et cela doit servir de leçon à Mon- » sieur. S. A. R. doit être assurée qu'un de ces jours,

Je ne parlerai pas de l'amertume dont on se plaît à abreuver la famille royale, ni de l'ingratitude dont on paye ses bienfaits, ni de l'aversion qu'on lui exprime, ni des vœux impies qui se firent entendre lorsque S. A. R. madame la duchesse de Berri portait pour la première fois dans son sein le gage du bonheur de la France, ni de la joie féroce et barbare par laquelle les ennemis acharnés de la maison de Bourbon insultèrent à ses larmes et à notre douleur lorsque nos espérances furent trompées.

La Chambre des Députés de 1815 montra un si grand dévouement, que le Roi l'appela *la Chambre introuvable*. Elle répondit à cette expression honorable de l'approbation du Monarque, par cette acclamation si française, que les Vendéens avaient écrite de leur sang : *Vive le Roi, quand même*..... Cette union touchante du Souverain avec son peuple inspira des craintes, la proscription de la Chambre *introuvable* fut résolue. Peu de tems après elle fut dissoute, et de-

---

» les prétentions du jeune Napoléon seront mises en
» avant, je ne dirai pas par qui. Le seul moyen de les
» arrêter, c'est de faire la cour aux constitutionnels, et
» même aux libéraux; ces deux partis unis peuvent
» conserver la couronne de France aux Bourbons. »

puis lors elle a été l'éternel sujet de la diffama-
tion, l'aliment continuel de la haine. La fureur
a été portée au point de la comparer à la Convention et d'assimiler ses lois au régime de la terreur.

La discorde entra dans la Chambre de 1816,
sous les auspices des doctrines *libérales*; elle y
introduisit avec elle l'oubli des principes monarchiques et le mépris de la charte. Elle sema dans
la loi des élections et dans celle du recrutement
des germes démocratiques, et légua aux Chambres futures le soin de la seconder.

En 1817, la liberté fut étouffée dans les colléges électoraux, sous les manœuvres de la cabale;
peu de Députés furent librement élus. La Chambre se divisa sous trois bannières discordantes de
couleur. Le plus petit nombre combattit pour défendre le drapeau blanc, et ne s'illustra que par
son courage, par ses défaites et par la sainteté de
sa cause.

En 1818, la loi des élections commença à pro-
duire des fruits; le *libéralisme* triompha; le côté
droit ne pouvant faire entendre sa voix, se con-
damna à un silence qu'il ne rompit que pour sauver les dernières espérances de la monarchie, le
crédit public et le soulagement des impôts.

Dans ces circonstances, un membre de la Chambre des Pairs, dont les lumières et les vertus

commandaient le respect et la confiance, exposa au grand jour les vices de la loi des élections , et en proposa la réforme. Sa proposition excite un tumulte effroyable, les *libéraux* se lèvent en masse pour défendre leur palladium ; ils donnent le signal d'alarme. Les manœuvres de 1793 se renouvellent, le langage de la sagesse est étouffé par les clameurs populaires , et pour empêcher qu'il ne sortit désormais de la Chambre des Pairs aucune résolution contraire au parti dominant , on rappelle dans son sein le plus grand nombre de ceux que l'ordonnance du 24 juillet 1815 en avait exclus , pour avoir reçu la Pairie de Buonaparte.

Depuis long-temps des vœux s'étaient élevés pour le retour des bannis ; le Monarque les avait accueillis en partie, mais ses faveurs particulières portaient l'empreinte de sa clémence , et l'on voulait un rappel général et *sans distinction ,* qui portât le sceau de la justice. Un nombre considérable de pétitions est adressé à la Chambre : on reconnaît à leur uniformité, leur origine commune ; toutes réclament l'intervention de la Chambre , sans s'arrêter ni à la crainte de violer la Charte , en introduisant dans ses délibérations l'initiative populaire , ni à la crainte d'avilir l'autorité royale , en lui demandant un acte qui sanctionnât l'abolition de la royauté.

La Chambre repoussa avec indignation une demande aussi monstrueuse, le ministre déclara solennellement que les régicides ne reviendraient *jamais*. Leurs amis au contraire annoncèrent que dans deux ans ils seraient assis à leurs côtés, et deux jours après l'espérance des royalistes s'évanouit.

Depuis l'ordonnance du 5 septembre 1816, ces derniers n'étaient plus regardés que comme des factieux ; leur dévouement à la monarchie et au Roi les avait rendus suspects, la fidélité n'était plus une vertu ; avilis et persécutés, ils sont repoussés de toutes les places, rejetés de l'armée, destitués dans l'administration, accusés au tribunal de l'opinion publique comme des conspirateurs, décriés dans toute la France comme des fanatiques, dévoués à tous les outrages sous une dénomination dangereuse en temps de révolution, et ceux qui ont le courage d'avertir le Gouvernement du danger qui le menace, sont punis de leur patriotisme.

L'ancienne noblesse, sans égard à sa gloire et à ses malheurs, est livrée au mépris et à la risée ; on l'outrage sur les théâtres, on la calomnie dans les journaux, on la déchire dans les pamphlets, on l'accuse dans les sociétés *libérales*, par-tout les émigrés ne sont que des hommes vains et orgueilleux, des *militaires sans bravoure*, des *officiers sans capacité*, des *ambitieux sans talens*, des hommes *qui ne savent ni commander ni obéir, qui n'ont rien appris et rien oublié*, et qui se sont ligués pour *renverser la Charte, pour ressusciter les privilèges, pour rétablir les droits féodaux et dépouiller les acquéreurs des biens nationaux.*

Des hommes qui ont bassement encensé la tyrannie, s'érigent fièrement dans la capitale en professeurs de liberté ; du haut de leur tribune ils régentent le Gouvernement, dictent des lois à ses ministres, égarent les esprits par des doctrines aussi pernicieuses que fausses, trompent le peuple par des mensonges, et irritent ses passions par un dévouement hypocrite à ses intérêts. Ils font ouvertement la guerre à la légitimité ; leurs feuilles circulent en liberté ; on les trouve par-tout, depuis le cabinet du ministre jusqu'au comptoir du marchand , dans les salons et dans les chaumières, sur la toilette des dames et sur la sellette des décroteurs.

Les doctrines *libérales* pénètrent dans les écoles, et l'insubordination s'y introduit avec elles : l'autorité des instituteurs est méconnue. L'esprit d'indépendance enflamme la jeunesse, le bruit des armes se fait entendre dans le temple silencieux de l'étude, et les édifices consacrés à l'instruction publique , voient entrer dans leur enceinte des soldats , pour y rétablir la discipline et la paix : tel est l'affligeant spectacle que présentent les collèges de Nantes , de Rennes , de Bordeaux , de Vannes, de Périgueux , de Caën, de Lyon , de Tournon , de la Flèche, de Louis-le-Grand, de l'Ecole de Médecine de Montpellier et de l'Ecole de Droit de Paris.

Quelle furie agite ses serpens sur nos têtes , et souffle , au milieu de la discorde civile , le feu de la discorde étrangère! On attente à la vie du duc de Wellington. On excite une haine nationale contre les Anglais ; ils sont le sujet perpétuel et inépuisable de la dérision publique. Voudrait-on les punir de l'assistance qu'ils ont donnée à Louis XVIII , et de la captivité de Buonaparte ? On s'efforce de nous rendre les Suisses odieux ; voudrait-on les punir d'avoir versé leur sang au dix août pour défendre le trône, et d'avoir accédé au traité conclu entre les grandes puissances pour le rétablir ? On accable l'Espagne de mépris et d'outrages : voudrait-on la punir de son courage indomptable et de sa fidélité à un prince de la maison de Bourbon ?

« La France est en guerre avec elle-même, » disait le duc d'Otrante dans son second rap-

» port au Roi : il semble qu'elle renferme deux
» nations aux prises l'une avec l'autre. Le parti
» constitutionnel n'a pas cessé depuis une année
» d'être en opposition avec le gouvernement du
» Roi. En 1814, c'étaient principalement eux qui
» censuraient sans ménagement, qui attaquaient
» sans relâche la plupart des mesures et des actes
» de l'autorité , et quand une pareille lutte s'éta-
» blit, quand on parvient à y associer la multi-
» tude, une révolution n'est pas éloignée. »

Il disait, en parlant des républicains : « Les
» républicains ont de la peine à croire qu'une
» dynastie qui a tant souffert de la révolution et
» qui l'a si long-temps combattue, puisse se ré-
» soudre, soit à oublier et à pardonner, soit à
» démentir les anciennes doctrines, en donnant
» des garanties suffisantes à la liberté publi-
» que. »

Maintenant, je le demande, ces deux partis
existent-ils encore ? ont-ils changé de principes ?
ont-ils embrassé la légitimité ?

Eh! ne voyons-nous pas tous les jours de nouvelles tentatives pour aliéner l'amour du peuple,
et diriger ses vœux sur une dynastie illégitime ?
Tantôt c'est un jeune imposteur qu'on lui présente
sous le nom du fils de Louis XVI; tantôt ce sont
les traits de Buonaparte qu'on lui retrace dans

l'image de l'apôtre de l'humanité ; ici c'est son portrait ombragé des emblêmes de la douleur qu'on étale dans les rues et sur les places publiques ; là c'est celui de son fils qu'on introduit furtivement dans le palais de nos Rois, et qu'on expose couvert de pensées parmi les chefs-d'œuvres de l'art. Ailleurs ce sont les mémoires de l'île de Saint-Hélène qu'on offre à la curiosité ; plus loin ce sont des allusions qui rappellent son souvenir , et que des hommes gagés applaudissent au théàtre , ou bien des écrits qui révèlent sa gloire et qui s'appitoyent sur son sort. Enfin , ce sont des émissaires déguisés qui se glissent dans le peuple et qui, en déplorant hypocritement sa misère , lui inspirent des regrets et des vœux pour son gouvernement.

Voilà le tableau fidèle de la France, et encore je n'en ai dessiné que les points de vue qui s'offrent à tous les regards. Combien de détails secrets , de manœuvres cachées, de complots ensevelis dans l'ombre et qui ne sont connus que de ceux qui y participent ! *Nous sommes impénétrables* , disaient les patriotes de 1816 , et leur conspiration en effet n'a pas été pleinement dévoilée , mais nous avons assez recueilli de preuves pour démontrer qu'elle n'est pas étouffée.

Comparons maintenant les évènemens qui se

sont passés sous le règne de Louis XVI avec ceux qui se sont passés depuis le règne de Louis XVIII. Sous Louis XVI, au premier signal de la révolution, la France prit les armes pour la soutenir et la défendre : sous Louis XVIII, à la première apparition de Buonaparte , la France baissa les armes et abandonna son Roi. Sous Louis XVI , on se servit du nom de monseigneur le comte d'Artois , pour alarmer le peuple sur une contre-révolution : sous Louis XVIII, on s'en est servi pour l'alarmer sur une conspiration. Sous Louis XVI , à la veille d'une grande révolution , on excita des tumultes sur tous les points du Royaume , sous prétexte de l'accaparement des bleds : sous Louis XVIII, à la veille d'une grande conspiration , on souleva partout le peuple , sous prétexte de la disette des grains. Sous Louis XVI , la maison militaire du Roi fut réduite à ses gardes : sous Louis XVIII , elle a été réduite au même état. Sous Louis XVI , les Suisses furent massacrés à la journée du 10 août : sous Louis XVIII on a osé présenter l'idée d'un *suisside* général. Sous Louis XVI , le régiment des gardes françaises éprouva les ravages de la séduction : sous Louis XVIII, la garde royale fut exposée aux ravages de l'injustice. Sous Louis XVI, on rompit l'équilibre des ordres : sous Louis XVIII , on brisa l'équilibre des Chambres. Sous Louis XVI, on vendit les biens du clergé : sous Louis XVIII, on vendit les forêts nationales. Sous Louis XVI, le mot de *liberté* introduisit la licence et l'anarchie : sous Louis XVIII, le mot *indépendance* enfanta des conspirations contre la légitimité. Sous Louis XVI on décerna des honneurs presque divins aux plus grands ennemis du Trône et de l'Autel : sous Louis XVIII on réimprima leurs ouvrages pour propager leurs principes. Sous Louis XVI, la noblesse et le clergé étaient l'objet de la fureur publique : sous Louis XVIII, ils sont l'objet de la dérision générale. Sous Louis XVI, les fidèles sujets étaient persécutés sous le nom d'*aristocrates* : sous Louis XVIII, ils sont calomniés sous le nom d'*ultra-royalistes*. Sous Louis XVI, les attentats des 5 et 6 octobre furent impunis : sous Louis XVIII, les attentats de Lyon furent justifiés. Sous Louis XVI, les plus zélés défenseurs du trône furent accusés de conspiration contre la nation : sous Louis XVIII, ils furent accusés de conspiration contre le Roi. On employa la violence pour contraindre Louis XVI à proscrire les prêtres ; on employa la menace en demandant à Louis XVIII le rappel des régicides.

Louis XVI se plaignait de ce que, *plus il avait fait de sacrifices pour le bonheur de ses peuples ;*

plus les factieux avaient travaillé pour en faire méconnaître le prix et présenter la royauté sous les couleurs les plus fausses et les plus odieuses. (Déclaration du Roi adressée à tous les Français à sa sortie de Paris.) Louis XVIII pourrait en dire autant : plus il a fait de concessions, plus on a montré d'ingratitude et de défiance.

Louis XVI se plaignait de ce que l'assemblée constituante *avait mis le Roi tout-à-fait hors de la constitution , en lui refusant le droit d'accorder ou de refuser sa sanction aux articles qu'elle regardait comme constitutionnels* (Ibid). Sous Louis XVIII on a entendu professer une doctrine qui étendait le nombre des droits constitutionnels au-delà de ceux qui sont énoncés dans la Charte, et qui réservait au peuple tous ceux dont elle n'avait pas parlé.

Louis XVI se plaignait des *mille journaux et pamphlets calomniateurs et incendiaires qui se répandaient journellement, qui n'étaient que les échos des clubs, et préparaient les esprits de la manière dont ils voulaient les conduire* (Ibid).

Sous Louis XVIII, les pamphlets et les journaux font les mêmes ravages ; ils sont, comme sous Louis XVI , les échos des partis, et préparent les esprits aux changemens qu'ils ont arrêtés dans leurs comités.

Louis XVI disait encore : *On voit, par l'esprit qui règne dans les clubs et la manière dont ils s'emparent des nouvelles assemblées primaires; ce qu'on doit attendre d'eux; et s'ils laissent apercevoir quelques dispositions à revenir sur certaines choses, c'est pour mieux détruire les restes de la royauté et établir un gouvernement métaphysique philosophique impossible dans son exécution* (Ibid). Sous Louis XVIII, on voit par l'esprit qui règne dans les partis, et par la manière dont ils s'emparent des colléges électoraux ce qu'on doit attendre d'eux; et, malgré leurs expressions de respect pour la Charte, on reconnaît à leurs manœuvres combien ils ont à cœur de détruire les restes de la royauté.

Enfin, Louis XVI disait : *L'amour pour les rois est une des vertus des Français.... Les factieux sentaient bien que tant que cet amour subsisterait, leur ouvrage ne pourrait s'achever; ils sentirent également que, pour l'affaiblir, il fallait, s'il était possible, anéantir le respect qui l'a toujours accompagné; et c'est là la source des outrages que le Roi a reçus depuis deux ans, et de tous les maux qu'il a soufferts. Et Sa Majesté n'en retracerait pas l'affligeant tableau, si elle ne voulait faire connaître à ses fidèles sujets l'esprit des factieux qui déchirent le sein de leur patrie en feignant de vouloir la régénérer* (Ibid). L'esprit des factieux sous Louis XVI était donc le même que celui des factieux sous Louis XVIII ? Aujourd'hui, comme alors, on s'efforce d'anéantir l'amour et le respect des Français pour leur Roi ; aujourd'hui, comme alors, les factieux déchirent le sein de leur patrie en feignant de vouloir la régénérer : ils conspirent donc encore ; et de la même manière que sous Louis XVI. Et lorsqu'il se plaignait *que tous les députés qui avaient parlé contre la royauté ou contre la religion, avaient reçu les honneurs du triomphe, pendant que ceux qui pensaient différemment étaient à tout moment insultés, et que leur vie même était continuellement menacée* (Ibid) ; lorsque ce prince infortuné se plaignait encore *que ses ministres, dont l'assemblée avait applaudi la nomination, avaient été contraints, à force d'insultes et de menaces, de quitter leur poste, excepté un* (Ibid) ; ne nous semble-t-il pas que c'est Louis XVIII qui parle ? Quelle différence trouvons-nous entre les factieux des deux règnes, si ce n'est que dans celui-ci leur fureur n'est pas encore arrivée aux mêmes excès ; mais leurs principes et le but qu'ils se proposent sont-ils différens ?

La Providence, qui veille sur les destinées de la France, a ramené dans le sein de la Chambre des Députés un membre de l'Assemblée constituante, qui fut député à Louis XVI pour lui faire connaître la conspiration qui menaçait sa couronne. Ce fidèle serviteur s'est levé dans la dernière assemblée pour nous dire que le trône de Louis XVIII était menacé des mêmes dangers. Il a renouvellé les mêmes représentations et les mêmes alarmes. (Discours de M. le marquis de Causans.)

C'est donc à la conspiration qui a renversé le trône de Louis XVI, et qui continue sous le règne de Louis XVIII, qu'il faut imputer les outrages faits à la majesté royale, l'anéantissement de cet appareil de grandeur et d'éclat qui environnait le Monarque, les atteintes portées à la dignité et aux droits des princes, l'avilissement de la pairie, la discorde des chambres, la punition de la fidélité, la disgrâce des royalistes, les lois démocratiques, les révolutions administratives, les ordonnances contradictoires, l'humiliation de la noblesse, l'insubordination des écoles, la licence des doctrines, et le rappel des régicides.

Qu'on ne m'oppose ni le silence, ni la tolérance, ni enfin la part active que le Gouvernement a prise à plusieurs de ces actes. Le Gouvernement a dû se soumettre à l'empire des circonstances, et caresser une hydre contre laquelle il eût été peut-être trop dangereux de lutter. Louis XVIII a dit dans sa proclamation de Cambrai : *Lorsque*

je reparus au milieu de mes peuples, je trou-
vai les esprits agités et emportés par des pas-
sions contraires ; mes regards ne rencontrèrent de
toutes parts que des difficultés et des obstacles ;
mon gouvernement devait faire des fautes : peut-
être en a-t-il fait. Il est des temps où les intentions
les plus pures ne suffisent pas pour diriger, où quel-
quefois même elles égarent. Voilà la justification du
gouvernement ; mais le danger augmente chaque
jour. Il ne faut plus se faire illusion, la conspiration marche d'un pas rapide ; elle a infecté de ses
eaux bourbeuses toutes les sources de la santé des
empires ; elle nourrit de ses poisons les générations
qu'elle a couvertes de ses ténèbres ; elle a flétri de
son souffle impur les plus douces espérances de la
monarchie ; elle a armé la jeune *indépendance* des
poignards de la vieille *liberté ;* et peut-être le dernier cri de la fidélité s'est-il fait entendre dans la
session du Corps-législatif de 1818.

Il existe dans la Capitale un comité secret, qui
correspond avec un pareil comité à Lyon, et celui-ci avec d'autres. Le fait a été attesté à la tribune de la Chambre des députés, séance du 19 juin
1819, et confirmé par le Ministre de l'intérieur.
La naissance de ce comité remonte au commencement de la Révolution. Dans les premiers temps
de l'Assemblée constituante, les députés de la

Bretagne se formèrent en club dans un souterrain de l'avenue de Saint-Cloud, sous le nom de *club breton*. Remarquez que ce fut à Saint-Cloud qu'Henri III fut assassiné. Ce club se transporta ensuite à Paris, où il prit la dénomination *d'amis de la constitution, qu'il quitta pour prendre celui de* JACOBINS, parce qu'il avait choisi pour lieu de réunion l'ancien couvent des Jacobins, rue Saint-Honoré. Remarquez que ce couvent avait produit *Jacques Clément*, et que le Président du club avait pour cabinet la cellule de cet assassin. C'est de cet antre que sortit l'arrêt de mort de Louis XVI; c'est de là que sortirent les lois de proscription, les comités de surveillance, les sociétés populaires, et les listes funèbres des victimes dévouées aux fureurs de Marat et de Robespierre. Le club des *Jacobins* établit des comités de correspondance dans toutes les villes de la France. Il fut le centre où aboutirent toutes les dénonciations sanguinaires; il fut toujours le régulateur de la Révolution et le grand foyer de la conspiration. C'est lui qui établit le comité de Lyon, dont le secret fut dévoilé en 1817 dans les révélations des accusés de la seconde conjuration; ils nous apprirent qu'il se réunissait chez la veuve Landelle, au café des Bains, rue Sainte-Croix; qu'il se transporta ensuite dans l'auberge de Loison, rue du Garet, où ses membres se lièrent par un serment qui fut prêté sur un poignard, et que depuis lors, pour se soustraire aux regards de la police, il tint ses assemblées en pleine campagne, tantôt dans un lieu, tantôt dans un autre. Ils ajoutèrent qu'au dessus de ce comité, était un comité directeur dont les membres étaient inconnus, et auprès duquel était établi un tribunal qui faisait poignarder ceux qui trahissaient les secrets de la société. (décl. de *Barbier* et de *Volozan.*)

L'existence du comité de Paris était connue dans les départemens. En 1815, on y parlait hautement d'une vaste conspiration dont le foyer était dans la capitale ; on connaissait les émissaires qu'elle envoyait dans les campagnes ; on savait qu'ils étaient payés à raison de neuf francs par jour.

Quand on considère la connexion qu'ont entre elles les nombreuses conspirations qui se sont succédées depuis 1816 jusqu'à la fin de 1818, on reconnaît qu'elles ont un foyer commun, et l'on sent qu'il était impossible de les diriger sans le secours des comités et des correspondances. Les patriotes de 1816 disaient dans leur proclamation : « *Les provinces nous attendent : notre conduite réglera la leur ; ... plusieurs même nous en donnent l'exemple.* » Ils avaient donc des intelligences dans les provinces, et par conséquent des comités.

Nous connaissons donc maintenant avec certitude la cause de ces mouvemens qui se font sentir en même temps d'une extrémité du Royaume à l'autre, avec la rapidité d'une commotion électrique. Nous connaissons avec certitude les télégraphes qui communiquent en un instant les nouvelles alarmantes, les provocations séditieuses, et les ordres du comité général à tous les comités subalternes. Nous connaissons le mécanisme des adresses, le moule des pétitions, le ressort des élections, et toute la tactique enfin de la conspiration. Il n'est plus possible de douter de son existence : son origine, son but, sa marche, ses manœuvres, son étendue, ses moyens d'exécution, tout est découvert.

Le Roi lui-même a reconnu qu'elle n'était pas éteinte, lorsqu'il a adressé aux Chambres ces paroles mémorables : « *Je compte sur votre concours pour repousser les principes pernicieux qui, sous le masque de la liberté, attaquent l'ordre social, conduisent par l'anarchie au pouvoir absolu, et dont le funeste succès a coûté au monde tant de sang et tant de larmes.* » (Discours du Roi à l'ouverture de la session de 1818.) Ils existent donc encore parmi nous *les principes per-*

nicieux qui ont traîné Louis XVI à l'échafaud, qui ont convoqué la Convention, et qui ont fait gémir la France sous la tyrannie la plus épouvantable. Ils attaquent donc encore aujourd'hui l'ordre social sous le masque de la liberté, et il faut que leurs racines soient bien profondes, quand le Roi, pour les extirper, appelle le concours des Chambres.

L'orage qui gronde sur le trône gronde aussi sur les autels. La souveraineté du peuple ne souffre point d'autorité rivale, même dans le Ciel; elle ne peut s'asseoir que sur les ruines des deux puissances : *dic ubi consistam, cœlum terramque movebo.* L'Evangile a foudroyé cette usurpatrice impie ; il a révélé à tous les peuples de la terre l'unique Souverain de l'univers, et leur a ordonné d'obéir à leurs Rois, parce qu'il les avait investis de sa puissance. Notre fidélité repose sur notre foi. Nous honorons le Monarque comme le ministre et l'image de Dieu ; telle est la doctrine que notre religion, que notre église, que nos pères nous ont enseignée, et cette doctrine n'est point une opinion, elle est un dogme ; elle n'est pas un de ces vains systèmes politiques enfantés par la superstition ou par la tyrannie, elle est une croyance religieuse, elle est une vérité descendue du Ciel, et la seule capable de maintenir la puissance des Rois, le repos des empires et la liberté des peuples.

Les conspirateurs semblent avoir renoncé à attaquer de front ces grands principes; ils redoutent des combats qui n'ont laissé à leurs devanciers que la honte d'avoir mis au grand jour leur ignorance et leurs mensonges. Ils ont renoncé aux voies de violence, parce que la violence n'a servi qu'à faire triompher la patience et la fermeté des persécutés, et à faire abhorrer le fanatisme et l'intolérance des persécuteurs. Ils attaquent aujourd'hui la religion avec plus d'adresse, et avec plus de danger peut-être pour les esprits faibles; ils excitent contre elle l'indifférence, le ridicule, le mépris, l'aversion; voilà les armes dont ils se servent, mais jamais de bataille; ils se contentent de rappeler le nom de leurs vieux généraux, et de raconter leurs combats en cachant leurs défaites.

Plus rusé ou plus hypocrite qu'eux, Buonaparte caressa tour-à-tour le Pape et le Muphti, le sanhédrin et les consistoires. Il fit de la religion un des ressorts de son gouvernement, et dans la séparation qu'il établit entre les deux puissances, il voulut que les ministres de toutes les religions fussent sous sa main dans l'ordre spirituel, ce qu'étaient dans l'ordre civil ses préfets et ses maires ; il attacha une grande considération à leur ministère , et se réserva à lui seul le droit de les mépriser et de les traiter en esclaves.

Aujourd'hui , au contraire , c'est sur eux que sont dirigés tous les traits qu'on lance sur la religion ; ils sont le point de mire de tous ses ennemis. Dans le monde *libéral*, un prêtre n'est qu'un homme *enduit*, *encroûté de toutes les superstitions et de tous les préjugés ;* c'est un *insensé* qui s'oppose seul *à la marche du siècle, au progrès des lumières, à la perfectibilité de la civilisation ;* c'est un *hypocrite* qui fuit devant le flambeau de la vérité, de peur d'être démasqué. C'est un homme *avide de domination, de richesses et d'honneurs,* qui fait parler le Ciel dans l'intérêt de son ambition ; c'est enfin, *un tyran fanatique,* qui s'étant acquis par la terreur un empire sur les consciences, ne le défend contre la raison qu'avec les armes du fanatisme. Voilà les traits sous lesquels les professeurs des doctrines *libérales* dépeignent à leurs disciples les ministres de l'église catholique. Ah ! s'ils connaissaient ces hommes vénérables qu'ils calomnient, s'ils connaissaient leur profonde humilité, leur sublime sagesse et leur charité sans bornes, combien ils rougiraient de leurs lâches outrages ! Ne craignent-ils donc pas de se décrier eux-mêmes en décriant la vertu ? Quel autre motif que celui d'une haine aveugle et furieuse, peut-on donner à leurs déclamations insensées ? Si nous leur demandons sur quelles preuves ils fondent leurs diffamations, ils ne peuvent en alléguer d'autres que l'air austère, la démarche grave, l'habit enfin, de ceux qu'ils se plaisent à déchirer. Tout en eux les irrite : pureté de mœurs, désintéressement, simplicité, candeur, tout ce qui attire la confiance, tout ce qui fait honorer leur ministère. Mais sur-tout ils ne leur pardonnent pas cette science pure et solide qui écrase leurs sophismes, qui ruine leurs orgueilleuses doctrines; et lorsqu'un nombreux concours d'auditeurs se presse autour de leurs chaires pour recueillir les grandes vérités qui sortent de leur bouche, et qui renversent de fond-en-comble l'échafaudage de la philosophie du siècle, aussitôt on les entend mugir. Ils les signalent comme les *éteignoirs* de la raison, et les réfutent par des *caricatures.*

La Charte établit la liberté des cultes, et déclare que la Religion Catholique, apostolique et romaine est la religion de l'Etat. Tous les cultes sont libres en effet, excepté celui d'une religion nationale professée par l'immense majorité des Français. Tous les jours on oppose à l'exercice de son culte de nouveaux obstacles; ici c'est un fonctionnaire public qui prend ombrage du secret de la confession , et qui soupçonne , dans les conseils d'un directeur, un complot contre la tranquillité publique : là , c'est un homme d'une croyance différente , qui veut s'établir juge des dispositions que l'église exige de ceux qui veulent participer à ses augustes mystères. Ailleurs , ce sont des hommes inquiets et turbulens , qui prétendent régler l'administration des sacremens, l'ordre du service divin , les solemnités du baptême , les cérémonies du mariage , et les honneurs des sépultures.... De par-tout s'élèvent des novateurs qui , méconnaissant l'autorité de l'Eglise , veulent substituer leurs caprices aux lois établies par la puissance spirituelle et consacrées par la puissance temporelle. Tous les jours les journaux, les pamphlets colportent des mensonges impudens , des dénonciations fanatiques et des pétitions ridicules contre des curés et des supérieurs de séminaires (Voyez la *Bibliot. Hist.* , la *Minerve* , les *Lettres Normandes* ,) etc., etc. , etc.

Les patriotes de 1816 disaient dans leur proclamation, qu'ils voulaient *l'abolition du fanatisme , et une religion simple et purement spirituelle, dont la morale ne fut enseignée que par des ministres sages et éclairés.* Ainsi la sévérité de la discipline de l'Eglise et la fermeté de ses

ministres n'étaient pour eux qu'un aveugle fanatisme ; ils demandaient une religion simple et
purement spirituelle : c'était dire que la religion
de l'Etat n'était que l'ouvrage de la politique ; ils
voulaient que sa morale fut enseignée par des
ministres sages et éclairés : c'était dire que nos
pasteurs sont ignorans et corrompus. N'était-ce
pas proscrire la Religion catholique, n'était-ce
pas là le vrai but des conspirateurs.

La Religion catholique manquait de ministres ;
le peuple était privé dans les campagnes des secours spirituels. Touché de ses besoins, le Roi con-
clut avec la Cour de Rome un nouveau concordat
qui, en augmentant le nombre des évêques, réta-
blissait la Religion catholique dans les pays où elle
se perdait. Alarmés d'un traité qui doit raffermir
son empire, des écrivains se lèvent de toutes parts
pour le combattre ; ils lui opposent une puissance
qu'ils sont accoutumés à violer, la puissance de la
Charte, et une considération qu'ils sont accoutumés à mépriser, l'état du trésor public. Leurs
clameurs sont si fortes, que le Roi, dans sa sagesse,
juge convenable de suspendre son bienfait, et d'attendre un temps plus opportun.

La Révolution avait ouvert toutes les portes de
la dissolution ; le torrent de la corruption étendait
ses ravages sur toute la France. Tous les vices qui
suivent les armées et qui accompagnent le mélange

des nations, avaient pénétré jusques dans la demeure innocente et paisible du laboureur, et moissonnaient partout les espérances de la vertu. Partout l'égoïsme, la fraude, le libertinage, exerçaient leur funeste empire; la bonne-foi et la loyauté de nos pères avaient disparu. La discorde seule nous était restée. L'indifférence en matière de Religion produisait les mêmes maux que l'indifférence entre le vice et la vertu. A la vue de tant de malheurs, des prêtres, animés du zèle d'une religion féconde en miracles, ont le courage de ne pas désespérer de ramener dans son sein des enfans plus égarés que rebelles, et de lui rendre sa puissance et son éclat; ils entreprennent cette glorieuse conquête. Ils parcourent les déserts de la foi, et tous leurs pas sont marqués par des victoires : les habitudes criminelles les plus invétérées disparaissent, les haines les plus implacables s'éteignent; par-tout ils reconcilient les hommes avec le ciel et avec eux-mêmes ; partout ils rétablissent la paix et le bonheur. Que n'a-t-on pas dit, que n'a-t-on pas écrit contre ces apôtres de la Religion et de l'humanité ! Le mensonge fut-il jamais plus impudent, la dérision plus amère et la calomnie plus furieuse ?

On a accusé leur zèle, leurs mœurs, leur désintéressement, leurs cérémonies; on les a dénoncés comme des *vagabonds*, qui ne se répandaient dans

les campagnes que pour alarmer ses paisibles habi-
tans sur la nature de leurs propriétés et sur la nul-
lité de leurs mariages. On les a dénoncés à la tribune de la Chambre des députés, comme des imposteurs qui corrompaient les mœurs par une *conduite scandaleuse*. La Chambre a été révoltée des
expressions dont s'est servi l'orateur qui s'est dé-
chaîné contre eux ; il en a lui-même rougi. On les
a dénoncés dans ces misérables écrits destinés à
égarer l'opinion publique, comme des *perturbateurs* qui répandaient le désordre dans les parois-
ses, le trouble dans les familles et le désespoir dans
les consciences ; enfin, on les a dénoncés comme
des *prédicateurs séditieux* qui usurpaient une
mission intolérable dans un gouvernement repré-
sentatif, pour inspirer aux peuples la haine de
l'autorité et le mépris des lois.

Les pauvres n'avaient point d'écoles. Leurs vœux
avaient rappellé ces instituteurs respectables qui,
savans dans l'art d'être simples avec les simples, et
pauvres avec les pauvres, bornent leur ambition
et leur gloire à graver dans le cœur des enfans des
pauvres les premiers élémens de la Religion et de
la science. Que n'a-t-on pas fait pour décrier cette
précieuse institution ? que de ridicules n'a-t-on pas
versé sur les leçons et sur les maîtres ? On leur a
opposé une nouvelle école : on a inventé la jon-

glerie de l'enseignement mutuel : on a élevé jusqu'aux nues la rapidité des progrès de ses élèves;
les écoles laucastriennes ont été multipliées à
l'infini, et l'on a dévoué à l'ignorance les adminis-
trations qui ont refusé leur suffrage à cette in-
vention philosophique, et qui lui ont préféré les
écoles chrétiennes éprouvées par plus d'un siècle
de succès.

Tout ce qui peut concourir à propager les saines
doctrines, tout ce qui peut affermir dans le cœur
de la jeunesse l'amour de la Religion et la fidélité
au Roi; tout ce qui peut, en un mot, former des
chrétiens vertueux et des sujets fidèles, est odieux
à nos modernes pédagogues. Le Souverain Pontife
rétablit cet ordre célèbre, dont la suppression fut
une calamité pour la religion, pour la monarchie,
pour l'éducation publique et pour la république
des lettres, cet ordre, si illustre par ses travaux et
par ses malheurs, dont la destruction fut le précurseur de la Révolution. Aussitôt la sentinelle fait
entendre le cri d'alarme; on s'arme, on s'agite;
il semble qu'une armée de conjurés est à nos portes; on exhume, pour les repousser, tous les mensonges qu'on inventa dans les siècles derniers pour
les proscrire. Mais ces vieilles armes, émoussées
par la rouille, ne peuvent plus servir. On en forge
de nouvelles; et la Chambre des députés est aussi

indignée que surprise d'entendre un de ses membres les accuser de *conspiration contre l'université*, et signaler les Pères de la Foi comme les auteurs d'une révolte dont les coupables sont bien connus.

Calomniée par ses ennemis, avilie par ses propres enfans, la Religion de Clovis, de Charlemagne, de Saint-Louis et de Louis XVI, cette Religion, qui environne le trône du Fils aîné de l'Eglise de tant de vertus, qui régna seule sur la France depuis l'origine de la monarchie jusqu'à la Révolution, ne conserve plus d'autre prérogative dans l'ordre politique, que celle d'une dénomination purement honorifique ; non comprise au nombre des objets que la loi ordonne aux Français de respecter dans leurs écrits, la *Religion de l'Etat* ne subsiste aujourd'hui que parmi des ruines. Elle a vu tomber autour d'elle toutes ces institutions précieuses qui lui servaient de boulevard et d'appui. Tous les ordres religieux, tous les corps enseignans ont été supprimés, et cette école célèbre, dont l'autorité était respectée de toute l'Europe catholique, cette école si féconde en hommes savans, qui faisait la gloire de l'église Gallicane, la Sorbonne, à qui elle avait conféré la conservation de ses libertés, la défense de sa doctrine, et l'instruction de ses ministres, a disparu dans la guerre de l'impiété. Ses ruines accusent le 19.e siècle de n'avoir pas compris le génie de Richelieu et de n'avoir pas rétabli le berceau des *Bossuet*, des *Fénélon* et de tant de vénérables pontifes qui furent les colonnes de l'Eglise et de l'Etat. La Religion de trente millions de Français n'a point d'école publique dans une capitale où toutes les sciences ont leurs professeurs et leurs chaires. En serions-nous donc venus à ce dégré d'indifférence, que la science de la Religion fût regardée comme inutile, et que l'instruction ecclésiastique fût méprisée comme un fardeau onéreux à l'Etat, quand l'instruction de toutes les autres classes est considérée comme une dette ? Quels souvenirs se rattachent à ces vastes édifices consacrés aux études les plus profondes et les plus savantes, et dont le silence n'était interrompu que par les combats que se livraient de jeunes ministres pour se disputer la palme de la science ? Qu'est devenu ce musée des dix-huit siècles du christianisme ? il n'est plus que l'objet de nos regrets ; mais leur amertume est tempérée par l'espérance que l'auguste main qui relève la statue de Louis XIII, relevera aussi le monument le plus glorieux de son règne.

J'ai suivi la conspiration depuis Henri IV jusqu'à ce jour. J'ai interrogé le passé, il m'a montré la tête sanglante de Louis XVI; j'ai in-

terrogé le présent, il m'a montré le poignard de
ses assassins dirigé sur le cœur de Louis XVIII.
Si j'interroge l'avenir, il me dira : Il faut que la
conspiration dévore la monarchie, ou que la monarchie écrase la conspiration : il n'est point de
milieu ; et si la conspiration l'emporte, la France,
plus horriblement ensanglantée qu'en 1793, sera
asservie à un tyran ou à une domination étrangère.

Trente ans de malheurs nous ont appris qu'une
conspiration contre le Souverain est une conspiration contre le peuple ; ils nous ont appris que notre
révolution n'a pas été faite pour notre bonheur,
qui n'y fut compté pour rien ; mais seulement
pour satisfaire des passions ambitieuses dont
nous avons été les victimes , après en avoir été les
instrumens ; ils nous ont appris que tous ceux qui
détournent le peuple de la *monarchie* et de la
légitimité ne sont que des traîtres au Roi et à la
pàtrie.

Après une aussi longue expérience de malheur,
après avoir vu renverser le trône de Louis XVI
et chanceler celui de Louis XVIII , quel est le
véritable Français qui ne découvre pas aujour-
d'hui le but de ceux qui par leurs doctrines et
leurs manœuvres soufflent encore la discorde parmi nous ? Quel est celui qui pourrait être en-

core la dupe de leurs impostures ? quel est celui qui voudrait encore affronter de nouvelles tempêtes ?

Eh! où retrouverions-nous des Bourbons?

Ils nous ont rendu la liberté et la paix, que des conspirateurs nous avaient enlevées et qu'ils voudraient nous ravir encore ; mais, pour les défendre, nous n'avons besoin que de nous-mêmes. On ne fait des révolutions que par le peuple : on n'en fait jamais sans lui. Soyons fidèles à la légitimité, et nous serons sauvés.

N'écoutons plus ces vaines théories, ces systêmes métaphysiques, ces doctrines éversives de l'ordre social dont on nous tourmente, et jouissant sous un Gouvernement paternel de toute la liberté qu'une société bien ordonnée peut désirer, ayons le courage de dire à ceux qui voudraient en reculer les bornes, que nous ne voulons pas être plus heureux.

Ecartons de la Chambre des Députés tous ceux dont le dévouement au Roi et à la monarchie nous paraîtra douteux : ils sont indignes de nôtre confiance, ils sont disposés à nous trahir. Que la doctrine de la légitimité soit notre boussole et notre flambeau : elle nous fera discerner la vérité du mensonge, et démasquera les hypocrites qui voudraient nous faire abandonner un bonheur assuré en nous promettant un bonheur impossible.

Quiconque n'est pas pour la *légitimité* est contre elle : et de quelque dignité qu'il soit revêtu, fut-il Ministre, Pair, Général, Député; sous quelque nom qu'il se cache, qu'il se dise *libéral, constitutionnel, indépendant, doctrinaire, ami du Roi* et *de la Charte*, s'il ne professe sur son honneur la *légitimité*, il n'est qu'un conspirateur.

Dans la conspiration qui nous menace, il n'y a que la légitimité qui puisse sauver le Roi, le Peuple et la Religion.

Addition à la page 23.

Le Clergé de France, dans ses assemblées, ne cessait de représenter les ravages de l'impiété et de prédire les malheurs qu'elle a entraînés. Telle était la substance de l'instruction dogmatique publiée par l'assemblée de 1765.

Celle de 1770 disait dans le Mémoire qu'elle présenta au Roi : « L'impiété ne borne pas à l'Eglise sa » haine et ses projets de destruction, elle en veut à- » la-fois à Dieu et aux hommes, à l'empire et au » sanctuaire, et elle ne sera satisfaite que lorsqu'elle » aura anéanti toute puissance divine et humaine »...

» L'anarchie et l'indépendance sont le gouffre où

» l'impiété cherche à précipiter les nations. C'est
» pour remplir ce funeste projet, qu'elle s'attache
» depuis long-temps à briser par degrés tous les liens
» qui attachent l'homme à ses devoirs. En vain vou-
» drait-elle se parer encore des fausses apparences de
» la sagesse et de l'amour des lois! son affreux secret
» vient de lui échapper, (dans le *Système de la na-*
» *ture*), et la voilà convaincue d'être autant l'enne-
» mie des peuples et des Rois que de Dieu même. »

« Qui le croirait cependant, Sire! un livre aussi
» impie et aussi séditieux se vend impunément dans
» votre capitale, et peut-être aux portes de vos palais?
» bientôt il pénétrera jusqu'aux extrémités de votre
» empire, et y répandra dans les cœurs les germes
» de la désobéissance et de la rébellion : et les lois
» se taisent, et l'autorité tranquille ne songe pas à
» arracher des mains de vos sujets cet assemblage
» monstrueux de blasphêmes et de principes destruc-
» teurs de toute autorité!

» Pour ne pas arrêter les progrès heureux de l'es-
» prit humain, faut-il donc lui permettre de tout dé-
» truire? Ne pourra-t-il être libre que lorsqu'il n'y
» aura rien de sacré pour lui?»

L'assemblée de 1775, dans son avertissement aux
fidèles, disait : « D'où vient cette fermentation géné-
» rale qui tend à dissoudre les liens de la société?
» D'où vient cet examen curieux et inquiet que per-
» sonne ne se refuse, sur les opérations du gouverne-
» ment, sur ses droits, sur leurs limites? D'où viennent
» ces principes destructeurs de toute autorité, semés

» dans une multitude d'écrits, et que dans tous les
» états on se plait à répéter et à entendre, tous les
» désordres se tiennent et se suivent nécessairement;
» les fondemens des mœurs et de l'autorité doivent
» crouler avec ceux de la religion. »

Addition à la page 24.

En 1776, le P. Beauregard prêchant dans l'église de Notre-Dame de Paris, fit entendre ces paroles prophétiques : *Oui, Seigneur, vos Temples seront dépouillés et détruits, vos fêtes abolies, votre nom blasphémé, votre culte proscrit; aux saints cantiques qui faisaient retentir ces voûtes sacrées en votre honneur, succéderont des chants lubriques et profanes. Et toi, divinité infâme du Paganisme, impudique Vénus, tu viendras ici même prendre la place du Dieu vivant, et recevoir l'encens coupable de tes nouveaux adorateurs.* (Biog. mod. mot. *Beauregard.* »

Condorcet et d'Alembert assistaient à ce sermon, ils donnèrent des marques bien prononcées de leur dépit. Le P. Beauregard fut traité de *séditieux* et de *calomniateur*, signalé comme un *ligueur* et un *fanatique.* Il existe encore un bon nombre de témoins auriculaires du fait que nous venons de rapporter, et qui attestent l'exactitude du passage que nous avons cité.

F I N.

Imprimerie de MIGNERET, rue du Dragon, n.° 20.

www.ingramcontent.com/pod-product-compliance
Lightning Source LLC
Chambersburg PA
CBHW061757050726
47598CB00002B/764